（上）フランスの美しい村100選に選ばれたペルージュの一軒家ギャラリーで開催した「出逢い」をテーマにした展覧会のレセプション時の様子。
（左・下）現地で作った日本食はあっという間に完食の大人気でした。

(上)自宅の玄関。洋風の家でも、工夫次第で和のテイストを取り入れることができます。小さな裏庭には目隠しとして竹で作った建仁寺垣を。紅葉の葉が青葉から赤く紅葉し、落ち葉となる様を見て、四季を愛でる暮らしは日本人の情緒を育てます。
(左)薔薇もいけばなの花材になります。モダンな書作品は実は禅語。伝統文化を現代風にアレンジすれば今の暮らしの質が上がります。

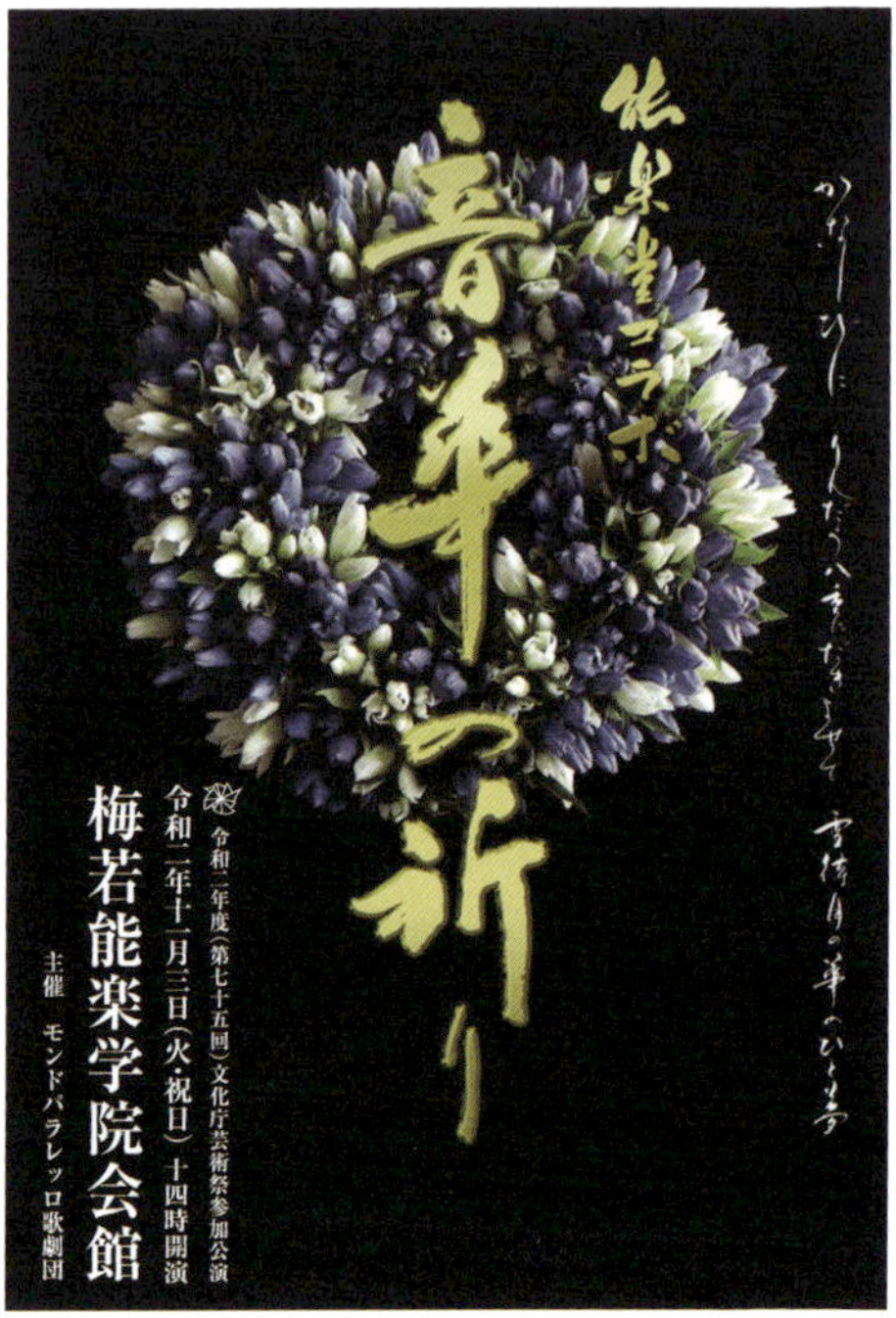

（上・下）江戸時代の小袖の文字文様をもとに、筆で書いた「愛」の文字が現代風京友禅のアートパネルになりました。職人の技が光る繊細な工程を、ぜひ動画でご覧ください（動画はP153のQRコードからアクセスできます）。
（右）書道指導しているモンドパラレッロ歌劇団の公演ポスター。ポスターの筆文字が印象的です。

世界に誇るくらしの中の日本

教養としての日本文化

日本文化講師
大隈優子

Clover
クローバー出版

はじめに

あなたは、日本のことをどれだけ知っていますか。

例えば、「日本語の文字っていくつあるの」と外国人に聞かれたら、日本語の文字の特徴と合わせてスラスラと答えることはできますか。

「どうしてカタカナを使うんですか」
「Tea Ceremony（茶道）っていつするものですか」
「日本の電車の中にはなぜ落書きがないんですか」
「日本の食器はなぜ男女で大きさが違うんですか」
「神社とお寺は何が違うんですか」

外国の人はとにかくよく質問をしてきます。

海外に滞在したことがあるなど、海外との接点のある日本人からよく聞くのは、日本のことを聞かれた時に答えられなくて困ったという話です。

実は私もそんな日本人の一人でした。生まれた時は高度経済成長期で、成長するにつれ経済は発展していき、気がつけばバブル経済期。外国が近くなり、外国に憧れ、遅れた日本よりも外国文化や外国語に精通している方が進んでいる、かっこいいと思っていたいわゆるバブル世代の一人です。

日本人としての誇りも知恵も知識もなく、自分の頭で考え、自分なりの観点で物を見て意見を言うという教育も受けてこず、豆腐の土台の上にふんわり立っているような、そんな中身のない日本人のまま、外国に行きました。英語を身につけたい、外国に行ってみたい。ただそんな動機で日本を出ると、ろくなことはありません。20歳を過ぎた大人なのに、子ども扱いされて終わりです。

外国に出たことのある人なら誰でも経験することですが、自国である日本のことをあまりにも知らない、語れない、誇れないことに頭を悩まします。語学力のなさも手伝って、ただニコニコ笑っているだけの気持ち悪い日本人像を振り撒いて、挫折と共に日本に帰ってくるのがオチです。

現地の語学学校などに行くと、南米、アジア、東南アジア、中東、欧州など、様々な国籍の同級生たちの中にいて、たとえ10代であっても、彼らがそれぞれの国を語れるだけではなく、国の事情と重ねた自分の夢を持っていることが往々にしてあります。そして、聞かれるのです。「あなたは？」と。

私は幸い、3歳の頃から書道を習っていて、大学在学中に書道師範免状を取っていたので、初めてアメリカへ語学留学に行った時から、国際交流のツールとして浴衣《ゆかた》と一緒に筆と墨と半紙や色紙を持っていき、現地の人の名前を漢字に当てはめて書いてあげるということをしていました。

「浴衣を着て筆で漢字を書く」。これだけで現地の人たちの心を鷲掴みにできるのです。流暢に英語が話せることよりも、日本人として日本を表現できる方が、人として認められることを感覚的に学習していきました。日本の知識はなくとも、英語力がなくとも、筆一本で尊敬を勝ち取ってきたというわけです。

とはいえ、やはり英語や外国が好きで、ずっと英語をツールにして外国人に接する仕事をしてきました。国際イベントでのバイリンガル司会、テレビの英会話番組のナビゲーター、スポーツ番組での外国人インタビュー、国際会議の英語司会、外資系企業の外国人役員やその家族への日本語教授などなど。

そうして日本好きの外国人の友人も増えていき、彼らの視点から見る日本伝統文化を面白く感じるようになりました。幼い頃から取り組んできた書道に加え、40代から茶道の門を叩いたのも彼らの影響を受けたからです。

外から内へ価値の重さが変わり、全てここにあったと気づいていったのです。

小さなところから少しずつ日本文化を海外で伝える機会も広がっていき、気がつけば在外日本大使館や領事館主催の式典や祝賀パーティーで書道や茶道のデモンストレーションをしたり、イタリア、フランスなどの日本文化愛好家の方たちが催すイベントからご招待を受けたりするようになっていきました。

文化交流で訪れた国は、アメリカ、オーストラリア、イタリア、フランス、ルーマニア、アルジェリア、ブルキナファソと、多方面にわたります。

外国への憧れから外国へ関心を持ち、ぐるっと一周回って日本に戻ってきた私ですが、実は両親が大正2年生まれと昭和7年生まれで、古い日本の価値観の中で育ってきました。今でこそ、歳の差婚が珍しくなくなってきましたが、私が子どもの頃は同級生のお父さんは皆若く、父の50代の時の子である私は、歳をとった親を持っていることに恥ずかしさや、古臭さ、不自由さを感じて窮屈な子ども時代を過ごしました。その反動で、海外に目が向いていったのだということが、今でははっきりわかります。

今の多くの日本人は、日本のことに無関心ですが、それは自分に無関心であるともいえるのではないでしょうか。

この本では、日本を再発見したい、知らなかった日本文化のことをもっと知りたい、堂々と日本を語りたいというあなたを、暮らしの中で当たり前にあった日本から、茶道や書道を通してより深い日本文化へと誘《いざな》っていきたいと思います。

読後はすぐにでも日常の中の日本文化に目を向けたくなるばかりではなく、あなたも日本文化を通して自分を再発見し、この美しい国を次世代に繋いでいく一滴の雫のように、日本文化継承の波紋を広げていく存在になっていただければ幸いです。

この本が日本文化であなたをエンパワメントするきっかけとなりますように。

（注）エンパソメントには、「力を与える」「自信をつける」「潜在能力を開花させる」「自己の人生の主導権を握る」などの意味があります。

目次

第四章 頭を柔らかくする書道……109

第五章 リデザインで繋げる日本文化……147

第一章

今こそ見直す日本文化

日本

2020年の調査では日本の世帯の約54％が戸建て、約45％が集合住宅に住んでいるという数字になっています。都心部に行くと、集合住宅率がぐんと上がって、東京では56．7％となっています。マンションでも和室があるお宅もある一方で、戸建てでも洋室しかないお宅もあって一概にはいえませんが、私が高校で書道科の授業

を受け持っていた時、掛け軸をかける場所として、床の間の存在を知っている生徒はほんのわずかでした。
『サザエさん』の家のような作りが当たり前だった昭和の時代から平成を経て令和の今、その住環境はすっかり変わってしまいました。便利さや快適さが優先されての今ですが、住環境が西洋化されると自ずとそこで生活する日本人の文化や精神性も古いものは継承されにくくなってきます。

令和の時代だからこそ、かつて当たり前に暮らしの中にあった古き良き文化と精神性を思い出してみることにしましょう。

和室　日本家屋

純和風の家で育った私は、どうもモダンで無機質な作りの部屋ではリラックスできません。アルミサッシよりも木の窓枠、壁紙よりも塗り壁、カーテンよりも障子、ドアよりも襖を好みます。

この本を手にとって読んでくださっているあなたも、きっと同じような嗜好をお持ちでないかと思います。

脳科学の論文で、人は緑を見たり、自然の中にいたりすると脳が落ち着くという研究データがあるそうです。「Shinrinyoku」（森林浴）はすでに英単語として認知されていて、海外では医師が処方箋を出し、治療法として活用されていることを知っている日本人はどれだけいるでしょうか。

そう考えると、和室はどうでしょう。木造建築はすでに木でできていて、障子や襖に使われる和紙の原料は、楮《こうぞ》や三椏《みつまた》などの木です。塗り壁は土を使います。土壁は室内の湿気を調節して、カビ

実家の座敷。座卓を置いて書道をしたり、食事をしたり、息子たちが小さい頃は畳の上でよく遊びました。夜はここに布団を敷いて寝ていました。

の発生も抑えることができ、化学物質も使われていないので、健康的です。

畳表はイグサ（草）で織られていて、その香りにはリラックス効果や鎮静効果、睡眠の質を高める効果があるという実験結果もあります。北九州大学の研究では、畳の上で勉強をした方が、集中力が持続するということも明らかになったそうです。

昔ながらの和室はこんなに優秀で、木と草と土でできているのですから、住んでいるだけでまるで森にいるよう。森林浴効果も期待できそうですね。

マンションだからできないと諦めるのではなく、インテリアに木を取り入れたり、和紙を壁紙にしてみたり、カーテンの代わりに簾や障子を用いてみたり、工夫次第で日本家屋のエッセンスを取り入れることはできます。

リフォームができる環境であれば、和紙を内装に使うということも可能です。第五章でご紹介するハタノワタルさんが創り出す和紙の空間はそこにいるだけでまっさらな自分になれるような気さえします。現代の暮らしの中で活きるモダンでスタイリッシュなデザインでも、素材に和紙が使われているとこんなにも心が落ち着くのかという驚きさえ感じます。和紙は木の繊維でできていて、紙を漉く際に簀桁《すけた》を前後左右に動かすことによって、その繊維が絡み合い、強度が増すと同時に、繊維の方向によって紙の目ができます。ハタノワタルさんの手で縦と横を交互に貼られた壁紙は、光の差し具合で美しい市松模様が浮き出てできます。まさに、自然と人間の共同創造のなせる業。

意匠の手が入れば、天然素材に囲まれつつ、陰翳礼讃《いんえいらいさん》の美意識が織りなす空間が家の中に出現することも可能になります。

今、日本全国で空き家問題が発生しています。それでもなお、新築の家やマンションが建設されているという矛盾にも目を向けなければなりません。古民家を安く購入し、その味を生かした古民家再生に価値があると気づく人がもっと増えることを願ってやみません。

ハタノワタルさんのご自身の手で和紙の内装を施したご自宅（左）と母屋横の秘密基地のようなアトリエ（右）。

そして、もしも日本家屋のご実家があるなら、それはもう、ラッキーとしかいいようがありません。新しいもの、洋風のものが丈夫で便利だという先入観を一旦横に置いて、日本の風土、日本人の民族性にふさわしいように、先代たちが試行錯誤し、受け継いできた日本家屋の優しさと暮らしの中の日本人の美意識を、もう一度見直してみませんか。

日本人ならではの美意識を受け継ぎながら、現代人にマッチするようにデザインし直していくと、新しい日本建築の文化が生まれるのではないでしょうか。

和布団《わぶとん》

あなたはどんな布団で寝ていますか。昨今は、有名スポーツ選手を起用したＣＭの影響で、寝る時の姿勢を重視し、体圧分散機能を前面に出したウレタンの寝具で寝る日本人が増えたと聞きます。昔ながらの天然素材の綿の布団で寝ている日本人は人口の１％にも満たないのではないかともいわれています。それは、大抵の日本人が布団を買う時には、量販店で大量生産の布団を購入しており、布団専門店で購入する人は３％という寝具業界誌のデータからもわかります。購入先が布団専門店であっても、みながみな、手作りの天然素材の布団を購入するわけではないため、１％を切るという目算になります。

そもそも寝具の歴史を振り返ってみると、綿の布団のようなものが使われ始めるのは室町時代以降で、それまでは、貴族であってもゴザのようなものや、畳の上に直接寝て、眠っていました。綿を用いた敷布団は江戸時代以降姿を現しますが、庶民にまで普及したのは明治に入ってからになります。庶民はそれまでは植物を編んだものなどを使っていました。

自分で作った愛用の敷布団。中綿はオーガニックコットンを使用しています。太陽の光をたっぷり浴びて、ふかふかになった布団は安眠の元です。

掛け布団は、着物に綿を入れた「夜着《よぎ》」を使っていた歴史があります。夜中に厠《かわや》へ行く時に寒くないよう羽織れたり、袖を通すことができるので、肩まで包めて暖かく、今でも寒い地方では「かいまき布団」が使われていて、普通に購入することができます。寒い冬、肩口がスースーするという方は、かいまき布団を使ってみても良いですね。

私が子どもの頃は、母方の祖母が布団を手作りしてくれていました。綿がヘタってくると、布団の打ち直しをして、ふかふかになって返ってきたことをよく覚えています。綿の布団は重く、押し入れから出し入れするのに一苦労ですが、私の母は、祖母が亡くなった後も、好んで祖母手作りの布団を使っていました。80代後半になってベッドで寝るようになるまで、365日休まず毎朝布団を畳んでは押し入れに仕舞い、夜には布団を敷いていました。90歳を過ぎても足腰がしっかりしているのは、そういった毎日の積み重ねがあったからではないでしょうか。

私は、後述する布団屋さんが開催する「自分で作る綿の敷布団」のワークショップで作った自作の布団をベッドの上に敷いて寝ていますが、和布団は敷きっぱなしにするのは綿のために良くないと教えてもらい、毎日ベッドメイキングならぬ、布団を畳んでベッドの上に置いています。たったこれだけでも朝、身体を目覚めさせるのに役立っています。

天然素材の和布団は、吸湿性と保温性に優れています。ただし、綿は乾きにくいため、放湿

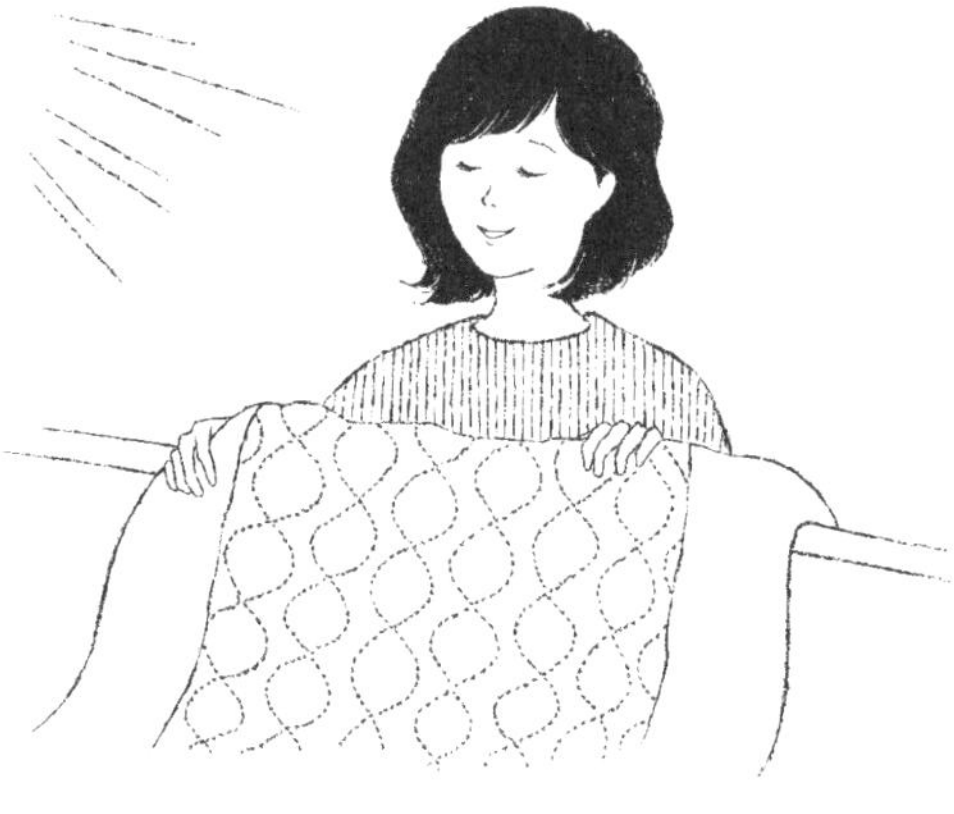

性に優れているとはいえず、だからこそ、日本人は天気の良い日には太陽の下で「布団を干す」ということをしてきました。高層マンション暮らしが増えたり、ウレタンの敷布団を使う人が多くなったりの昨今、干した布団のふわふわ感と暖かい温もりの気持ち良さを味わっている日本人が、果たして今、どのくらいいるでしょう。

人が寝ている間にかく大量の汗が敷布団に吸湿されないと、身体の冷えや、蒸れに繋がり、良質な睡眠の妨げになります。今流行りの化学繊維の布団で快眠が得られていないという方がいらしたら、和布団に立ち返って、太陽の下で干したふかふかの布団に身体を埋めてみるもの良いかもしれません。

ベッドだからマットレスを敷くのが当たり前という先入観を捨てて、ベッドの便利さの恩恵にあずかりつつ、天然素材の和布団の心地よさを、日々の睡眠の質を上げるために取り入れることはできるのではないでしょうか。

「ねばならない」や「こうあるべき」という発想を捨てて、柔らか頭にしてみると新しい毎日が始まります。ふかふかのお布団の心地よさをぜひ、暮らしの中に取り入れていただきたいです。

着物

着物は日本の伝統的な衣服であるにもかかわらず、今や、贅沢品、手が届かないものとなってしまっています。かつては、農民から貴族まで全ての日本人が着物を着ていました。つまり、着物は日常着だったわけです。素材も、木綿やウール、麻という強くて安価な天然素材を使って、作業着としてクタクタになるまで着たおし、最後は雑巾《ぞうきん》にするという着方が主流でした。

そして、特別な日のための「晴れ着」は、寸法直しをしたり、洗い張りといって糸を解いて一枚の反物にして洗って生地を蘇らせたり、色を染め直したりして長く大事に着ていました。

ですが、現代の私たちからすると、着物は「特別な日」に着る贅沢品としての印象しかありません。

実はそれには仕掛けがあります。明治維新と共に、西洋文化が大波のように日本に押し寄せ、洋装も入ってきました。人はどんどん日常に洋装を取り入れるようになり、着物の需要が減ってきた

イタリア・ミラノでの書道展、レセプションパーティーのあと、書道家仲間とミラノのガレリアを着物で闊歩。

時に、呉服屋はビジネスモデルを変えたのです。薄利多売から厚利少売へ。つまり、着物のブランディングを日常着から晴れ着に変えることで、着物業界を発展、継続させる道を選んだというわけです。

高級な素材である絹を使い、職人さんたちによる何工程もの手仕事を経て1本の反物ができるのですから、値段が吊り上がっていくのは当然です。

私の幼い頃、着物好きの母に連れられて、呉服屋さんを訪れる機会が度々ありました。幼いながらも、番頭さんが、反物を引き出して柄を見せる時の衣擦れの音や、艶やかな図柄に魅せられ、着物はいつしか憧れのものになっていきました。これこそが、現代の私たちが着物に魅了される所以となっています。そう、着物は、着る美術品として生き残っているともいえます。外国で着物を着ていると、宝物のように扱ってくれます。彼らにも美術品を身に纏う価値がわかるのでしょう。

京友禅では、花鳥風月が鮮やかに描かれます。四季折々の花鳥風月は、自然との調和や移ろいゆく季節と人生を重ねる感性の表れでもあり、日本人の情緒をくすぐります。

橘には子孫繁栄、菊には無病息災、鉄線《てっせん》には夫婦円満などの祈りが込められています。また、亀甲、青海波《せいがいは》、七宝などの紋様も長寿や末永く続く平和、絶えることのない永遠の連鎖など、人の願いを込めています。どれも洋服にはない発想です。

そんな着る美術品や祈りとしての着物も次世代に繋いでいかなければならないものですが、同時に、日常着としての着物も復活させていきたいものです。

よく、「着物は締め付けられて窮屈」という印象を持たれますが、自分で着付けるとどんどん楽な着方がわかってきます。帯で姿勢が保たれるので、着物で食事をした方が食の通りがよくなります。洋服のように袖で腕や肩が締め付けられることもなく、襟から手まで一直線なので、首、肩がとても楽です。

小股で歩くので、骨盤底筋が鍛えられます。袖が邪魔にならないように、そっと片方の手を添えて手を伸ばす姿は、女性が見ても美しく、私たちがすっかり忘れてしまった日本人の身体の使い方を、着物を着るだけで思い出すことができます。

身体の周りに何層も層ができるので、冬は暖かく、着るだけで天然素材に守られているような温かく安らかな気持ちになれます。

昨今の夏の暑さを乗り切るのは着物では厳しいですが、木綿の浴衣は汗を吸ってくれて、麻の肌着をつければ肌はさらっとしています。それに、全身を覆うことで真夏の暑い日差しから身体を守ってくれます。

機能的にも優れた着物、日常着として復活する日を夢見てやみません。そして、着物を愛でる情緒も次世代へと受け継いでいきたいものです。

通い袋・通い箱

レジ袋の有料化に伴い、エコバッグを持ち歩くことが増えた方も多いのではないでしょうか。母の買い物について行っていた子どもの頃の私の記憶では、買い物には買い物かごを持っていき、野菜など新聞紙に包んだものを持ち帰っていたものです。

エコバッグも良いですが、私はよく風呂敷をカバンに忍ばせています。和服の時は特にエコバッグは風呂敷です。スーパーの買い物でも風呂敷はどんな形のものにも対応できるので、優れものです。

私の茶道の先生の稽古場では、お稽古に使う和菓子は、通い箱に入っています。店舗を持たず、茶会やお稽古用のお菓子を注文だけで受けているお菓子屋さんがあって、ほぼ毎日お稽古のある先生のお宅には、通い箱に入ったお菓子が届けられます。

年季の入った木製の通い箱の蓋を開ける時、なんともいえず心が躍ります。行儀良く並んだ可愛い和菓子は、季節の彩りで目を喜ばせ、蓋の裏に貼られたお菓子の銘で情緒を感じます。もちろん、箱から取り出して、懐紙に載せ、菓子切りで切って口の中に入れると、一段と幸せが増します。

綺麗に並んだお菓子の入った箱が届けられ、前回届けられた空の通い箱と交換します。こうしてお店と稽古場を通い箱が行き来します。

もとは茶商がお得意様にお茶を届ける際に使った茶通箱。茶道では二種類の抹茶を振る舞うお点前として受け継がれています。

茶道のお点前《てまえ》に、「茶通箱《さつうばこ》」というものがあります。二種類のお茶をお客様に飲んでいただくためのお点前で箱の中には塗りの茶器に入ったお茶と、焼き物の茶入れに入ったお茶が入っています。この「茶通箱」もその名からわかるように、そもそもお菓子の通い箱と同じように、お茶屋さんがお茶を入れてお客さんのところへ運んだものでした。

昔は、ビールも瓶が当たり前でした。瓶ビールをケースに入れて酒屋さんが配達してくれていたことを覚えている世代も少数派となってきました。今ではコンビニに並ぶ缶ビールが主流です。空き缶はリサイクルに出されるとはいえ、瓶の再利用と比べてリサイクルにかかるエネルギー消費量がだんぜん多いことは容易に想像できます。もっと昔は、日本酒も量り売りで、通い徳利に入れて持ち帰ったと聞きます。居酒屋なんかで時々見かける、瓢箪《ひょうたん》型のあれですね。

酒蔵がお酒を配達するための通い袋を作り、お酒の配達に使えるよう、酒屋に配っていた時期もありました。この通い袋には酒蔵やお酒の名前が印刷されていて、酒屋さんがその通い袋でお酒を配達することがお酒の宣伝になっていたそうです。ブランドのロゴを印刷した紙袋の原型ですね。通い袋は丈夫な帆布でできていて、お酢の配達などお酒以外にもよく使われていたようです。

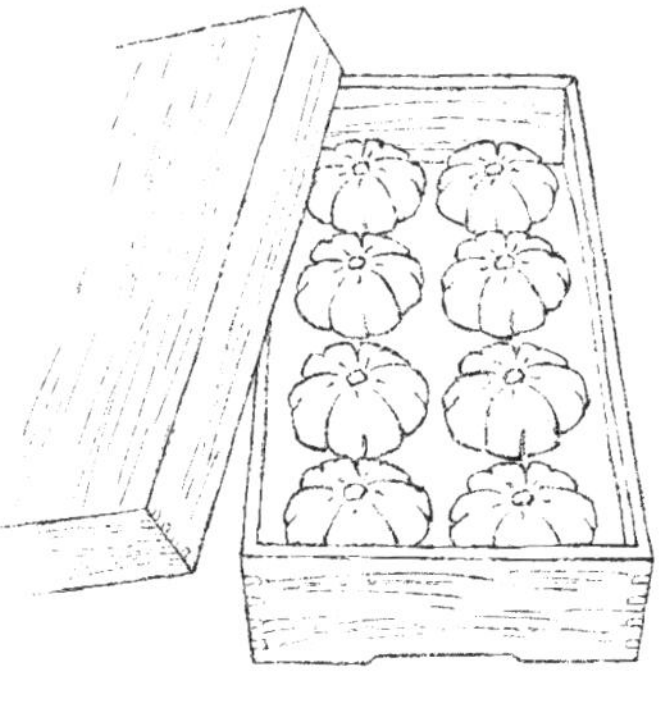

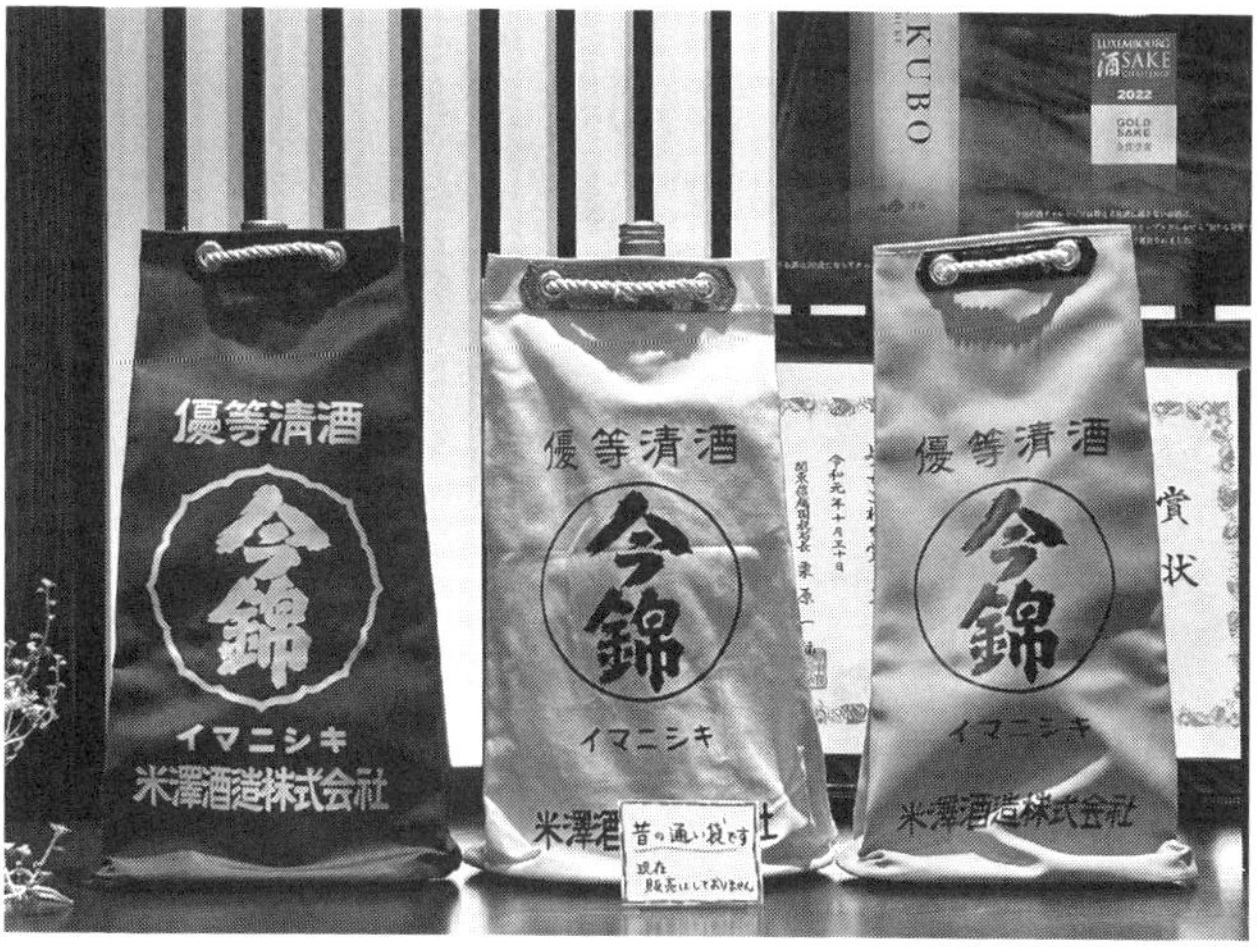

今も通い袋を販売している酒蔵もありますが、こちらの写真の米澤酒造では店内の展示でのみ実物を見ることができます。

少し前までは、お寿司など出前を取れば、そのお寿司屋さんの名前入りの寿司桶が使われ、洗って返すのが当たり前でした。今では、使い捨てのプラスチック容器を使うのが常です。環境のためにプラスチックを減らそうとレジ袋有料化がなされましたが、プラスチックゴミは増えるばかりで矛盾を感じるのは私だけでしょうか。

小売店がどんどん減っていって、「通い」の習慣が消えていくのは残念です。

夫婦茶碗《めおとぢゃわん》

西洋人が、日本の夫婦茶碗や、夫婦箸、夫婦湯呑みが男女でサイズが違うのを見て、「男女差別だ」「日本は男尊女卑だ」と意見しているのを見聞きしたことはありませんか。

西洋では、食器やワイングラス、カトラリーも、全てサイズが均一で、用途によって形態を使い分けます。つまり、食器の上に載る「もの」、グラスの中に入る「もの」が基準だといえます。

一方で、日本の食器は使う側の「人」を優先します。一般的に男性の手は女性の手よりも大きく、同じ茶碗を持つと、女性の小さな手の中には収まりません。自分の手のサイズに合わないお箸は、持て余したり、寸足らずではどうも使いづらいですね。

「手ばかり」という言葉をご存じでしょうか。自分の手を使って、食材を測って自分の体格に合わせた食事を摂ろうという栄養法として知られていたりします。料理本などでも「塩ひとつまみ」などと表記されていることからもわかるように、日本人は昔から自分の手の大きさで大体の分量や寸法のあたりをつけるということをやってきました。

信楽焼の夫婦茶碗と男女で長さの違う箸。使い手を想う日本人の情緒が息づく、温もりある食のひととき。

巻き尺などない時に、自分の手をいっぱいに広げて、尺取り虫のようにして寸法を測ったり、歩幅で長さを測ったり。

「身の丈を知る」という言葉もありますが、自分と外の世界との関係性を測るのに、身体を使えるのも、自分を知っているからだといえますね。自分を知っていれば、自分に合ったものを取り入れることができ、無理をせず、ストレスフリーな状態を保てるというわけです。

日本の食器が男女でサイズや長さが違うのも、使う人の使いやすさを重視しているからで、サイズで男女差別しているわけでもなんでもありません。逆に、規格にはめない自由を尊重するのが、日本文化であるということに誇りを持っていたいものです。

花火と日本人の情緒

夏の風物詩として花火が挙げられますが、夏になると自治体などが華々しい花火大会を開催し、多くの人が花火を見に集います。外国では、独立記念日や年始のカウントダウンなど、目的は他にあって、その景気付けとして花火をあげるパターンがほとんどです。花火を見ることそのものが目的になるのは、日本独特の文化といえます。

そもそも、花火大会というのは、享保17年に江戸を大飢饉と疫病の大流行が襲った際に、亡くなった方たちの鎮魂のため、徳川吉宗の命を受けて大川（現在の隅田川）で花火を打ち上げたことに始まるといわれています。

夏になれば毎週末のように日本全国で花火大会があり、こぞって花火を見にいくというのは日本ならではの光景ですね。

尺玉八方咲花火　芯入り割物　親星の内側に1つ以上の芯を持ち、層状に開く花火です。これにより、色や光の点で美しい形を描きます。

日本の代表的な花火として知られる「芯入菊《しんいりきっ》花型《かがた》花火」は、世界で最も精巧で華麗な花火だといわれています。最大の特徴は、真ん丸く大きく整然と開花すること、花弁の一つひとつの星が変化すること、同心円に二重、三重の芯を重ねることができるという3点が挙げられます。

また、日本の花火師は和紙を巧みに利用して、二重、三重に同心円をつくる技術を完成させました。それによって、どこから見ても真ん丸で色の変化と消え際のよさ、という究極の調和美が完成したのです。ここにも、日本人の持つ美意識とものつくりに対する職人気質の成果が見えます。

残念なことに、そんな国産花火も、安価な中国製の花火に勢いを押されている現状があります。花火大会も予算重視で、安価に手に入る外国産の花火なら玉数が増やせて、派手さを競うにはもってこいというわけです。

しかし、花火を見ることが目的の日本人は、そのクオリティーの高さにこそ惹かれるのです。「花火を愛でる」。それが日本人の花火への思いだったにもかかわらず、昨今は欧米思想が日本人の価値観を変え、玉数の多さだけを売りにするという価値観の単一性が、国産花火業界にも影響を与えています。

では、私たちが子どもの頃、夏になれば近所の子どもたちで集まって、楽しんでいた手持ちのおもちゃ花火はどうでしょう。こちらも、量販店やコンビニなどで安価なものが手に入り、国産の手持ち花火が買えるところも少なくなりました。また、安全性にばかり目を向けて、自宅前や公園などで花火で遊ぶことができなくなってしまった結果、日常から花火の文化が消えてしまったようにも思えて寂しい気がします。

昔は、子どもの頃に花火遊びで火の扱いを学んだものなのですが。

手持ち花火といえば、〆は線香花火と決まっています。線香花火は、「蕾」「牡丹」「松葉」「散り菊」という呼び名通りにその姿を変えます。「蕾」で命が宿り、「牡丹」では戸惑いながらも火花が力強く弾け、次第に華やかで安定した「松葉」が広がります。そして、徐々に静かになり、「散り菊」でポトリとその命を落とします。

線香花火は、わずか40秒ほどで、人の一生を鏡写しに見せてくれるのです。

ここに侘び寂びを感じるのが日本人の情緒ではないでしょうか。

諸行無常。色は匂えど散りぬるを。

どんな命も変化し、終いには朽ち果てる。花火は、大小にかかわらず、いのちの儚さを受け入れることを私たちに教えてくれているのかもしれません。

花火の儚い美しさと散り際の潔さに日本人の情緒との親和性を感じます。

米糠《こめぬか》の利用法

我が家は長年、お米は信頼する農家さんから購入していますが、今年は自分が借りた田んぼで5品種の稲を育てて収穫することができ、農薬など一切使用しておらず、安心して食べられる玄米が手に入る環境にあります。

とはいえ、毎回玄米を食べるわけではなく、家庭用の小型の精米器で、その都度都度、その日の気分で分付きを変えて、精米してご飯を炊いています。

その恩恵で、ご飯を炊くたびに糠が出るので、米糠をためていろいろなものに使っています。

そもそも、米糠にはお米の主要な成分が含まれています。玄米の栄養素の9割が米糠にあるので、白米だけ食べていると、重要な栄養分を削った糖分だけを取っているようなものです。精米技術が高くなって庶民にも白米が普及した江戸時代に、脚気が増えたのは玄米の胚芽部分に含まれているビタミンB_1不足だったというのは有名な話です。

定番の野菜以外でも糠漬けは楽しめます。ゴーヤは糠漬けにすると苦味が苦手な人にも勧められます。

糠の利用法として代表的なものは糠漬けでしょう。毎日手を入れるのはなかなか現代の生活では難しかったりしますが、白米中心の方ならなおさら、冷蔵庫で保管できる少量の糠漬けがあれば、栄養補助にもなります。

糠漬けは乳酸菌発酵で、お腹の調子を整えてくれます。乳酸菌は細菌の増殖を抑える効果もあります。最近やたらと殺菌、抗菌といわれますが、これもあまり日本的な考え方ではないように感じます。そもそも、善玉菌も悪玉菌も、必要だから存在するのです。発酵は、善悪のジャッジのないことを教えてくれます。

定番のきゅうり、なす、にんじん、大根、かぶ、白菜はもちろん、香味野菜の茗荷やセロリ、夏にはトマトやゴーヤ、スイカの皮、秋には椎茸やエリンギ、しめじなどきのこ類を糠漬けにすると季節を感じることができます。もっと変わり種として、アボカド、豆腐、ゆで卵など、ここでも固定観念を外して意外な食材の糠漬けを楽しんでみてはいかがでしょうか。

息子たちが小さい頃は、煎った糠と米粉と米油と甜菜糖を使った素朴な米糠クッキーなど焼いたりしたものです。

家庭菜園をしている方なら、コンポストに糠を入れたり、そのまま土に糠を混ぜたりすると、良い堆肥になりますね。

糠の使い道はたくさんありますが、ぜひおすすめしたいのは、明治生まれの祖母が使っていた米糠袋です。私が幼い頃、祖母と一緒にお風呂に入ると、晒しをチクチク縫って作った巾着に米糠を入れた米袋で優しく身体を洗ってくれたことを思い出します。お湯に浸して柔らかくした袋を優しく当てた感触はなんともいえません。米糠には油分も豊富に含まれていてボディソープでは味わえないしっとり感をぜひ味わっていただきたいです。

第二章

季節の食と、食文化と

食

「あなたは、あなたの食べたものでできている」。こんなフレーズを聞いたことがある方も多いはずです。

食と健康は切っても切れないものですが、○○食事法などというものは世間に溢れていて、一体どれが自分の健康のためになるのか迷ってしまいませんか。

あれこれ新しいものを試すよりも、私たち日本人が先祖代々この地で食べてきたものを食べていれば、それなりに健康でいられるのではないかというのが私の自論です。

大正生まれの父は持病もなく、生涯虫歯もなし、94歳で亡くなるまで現役で仕事をしていました。92歳になった母も薬とは無縁で、頭も誰よりもはっきりしており、いたって健康です。そんな両親を見て、昔ながらの食生活が何よりの健康の元だと思っています。

この章では、子どもの頃からの我が家の食卓から始まって、生きることそのものに繋がる食文化についてお話ししていきましょう。

旬をいただく

私の父は晩酌をする人でした。94歳でピンピンころり。天命を全うしましたが、一生の間で太平洋分のお酒を飲んだと豪語するような酒豪でした。もちろんそれはたとえ話ですが、私の記憶でも、父といえば、仕事から帰ってすぐにお風呂に入り、寝巻きに着替えてから寝るまでの間、ずっと酒の肴をつまみにお酒を飲んでいる姿がまずは思い浮かびます。

毎晩最低10種類の酒の肴をこしらえていた母は大変だったでしょうが、父のおこぼれで、バラエティーに富んだ食の体験ができ、私も小さい頃から舌の肥えた子どもになりました。酒の肴なので、魚介類と野菜が中心でした。当たり前のように、季節に合わせた食材が食卓に上がり、食で季節を感じて育ったといっても過言ではないかもしれません。

では、どんな旬の食材が食卓を彩っていたのか、季節ごとにご紹介してみましょう。

春

春の訪れは、新子《しんこ》から始まります。これは関西、特に神戸で釘煮にするイカナゴの幼魚を釜茹でにした物です。ほんのりお腹が紅色に染まった大ぶりのシラスといえば、関東の方にも通じるでしょうか。これをおろし生姜《しょうが》とお酢でいただくのが我が家流でした。同じ時期には、葉ごぼうをきんぴらにします。これはまだ小さいごぼうの茎と葉っぱの部分を使うのですが、ごぼうの間引き菜といっていいのかもしれません。うどやタラの芽、蕗のとう、コシアブラ、蕨《わらび》などの山菜はいうまでもありません。春には茹でたフキの筋を取るのが幼い私の仕事でした。薄味のだし汁でさっと煮たらすぐに火を止めることで、新緑の薄緑の爽やかな色が保たれ、春らしさを醸し出します。

春の台所からは、筍を茹でる香りが漂います。若竹煮も好きですが、私は筍ご飯が何より大好きです。

海鮮物では、やはり新わかめ。ホタルイカと一緒に食べるのが定番です。ホタルイカの代わりにサヨリが新わかめに添えられることもあります。もちろん、酢味噌でいただきます。酢味噌につけるものといえば、とり貝も外せません。

蓬（よもぎ）、芹（せり）、蕗のとう。春の恵みは主に天ぷらで。

夏

夏の訪れは、水茄子《みずなす》と共にやってきます。私は大阪・堺の出身で、水茄子は堺から南の泉州地域の名産品です。今は、水茄子も全国区となって、泉州以外でも生産されていますが、泉州の砂地の土地が水茄子の生産に向いていて、あのたっぷりお腹に含んだ水分は、泉州の地で育った水茄子だからこそ。水茄子は、包丁を入れず、ぜひ、手で縦に割いてお召し上がりください。それが、地元っ子の食べ方です。

初夏の魚はカツオやイサキ。イワシの稚魚を手開きして、お酢と針生姜で食べるのも大好きでしたが、東京ではイワシの稚魚はなかなか手に入らないですね。

暑くなってくると、鮎や鱧《はも》の出番です。昔はよく蓼《たで》の葉を取ってきて、すり鉢であたって米酢で伸ばし、とろみをつけるためにご飯も一緒に擦り潰して鮎の塩焼きに添える蓼酢を作りました。今は蓼も手に入らなくなってしまいましたが、あの香りは、生葉から作るからこそです。

鱧は湯引きしてすぐに氷水に落とします。自家製の梅干しを叩いてみりんで伸ばし、少しお醤油を垂らして作った梅肉を添えます。暑い夏は、毎日でも食べたくなります。

泉州から届いた水茄子。糠漬けや、生のまま生姜醤油でいただきます。

イカのお刺身を刻んだオクラと大葉で合えたものも夏らしい一品です。夏休みにはよく、茹でた渡り蟹をおやつのように食べていたものです。

秋

秋の訪れを感じるのはやはり松茸でしょう。私が子どもの頃も今ほどではないにしろ、やはり贅沢品。薄く切った松茸を土瓶蒸しにしたり、松茸ご飯にしたり。土瓶蒸しの蓋を開けて松茸の香りを嗅ぐと、子ども心にも特別感を感じました。お猪《ちょ》口《こ》に出汁を入れて飲むのも、大人になった心地を楽しむ至福の時です。

上品な松茸とは打って変わって、秋といえばさつまいも。焼き芋が定番のおやつだった私は、平成生まれの息子たちのおやつにも、よく出したものです。もう一つの秋のおやつは栗です。塩茹でして半分に切った栗をギザギザのスプーンでほじって食べるのに夢中になります。渋皮煮も手間がかかりますが、外せませんね。

魚では、戻り鰹に秋刀魚《さんま》。鮭も美味しくなってきます。

渋皮を傷つけないよう丁寧に鬼皮を剥いて渋皮煮を作ります。

シャコエビもどっさり茹でて、甘辛く炊いた物が大好きで、お箸を背中に突っ込んでうまく殻を外せた時がなんとも気持ち良かったことを覚えています。

かぼちゃやごぼうも美味しい季節ですが、秋の楽しみはいちじくです。生でももちろん美味しいですが、縦に切って乾燥させると甘味が増して格別です。

冬

冬には、肝が大きくなったカワハギを肝ポン酢で食べるのがお酒好きにはたまりませんね。お鍋にしても最高に美味です。刺身とお鍋で冬ときたら、王様はフグしかありません。毎年暮れとお正月は魚屋さんで捌いたフグを注文します。自分でするのはフグの身を骨から外して三枚下ろしにするところから。薄くてっさを造って、骨をぶつ切りにし、アラと一緒にてっちり鍋にします。これがないと、お正月が来た気になりません。

関西のお節に欠かせないのが、サワラの子どものサゴシです。サゴシを酢〆にした「サゴシのきずし」はお節に必ず入ります。

そして、冬といえば、ナマコです。ナマコには青ナマコと赤ナマコがありますが、絶対に赤ナマコ。ナマコは口と肛門が一本に繋がっていて、そこを落として真ん中に切り目を入れます。水がピューっと飛び出してくるので、ここまでは流し台の中で処理します。中にオレンジ色の腸管が入っていて、これが酒飲みにはたまらない珍味のこのわたになります。ナマコは削ぎ切りにして、二杯酢につけ、ゆずの皮を散らしていただきます。水の冷たい時期で包丁を持つ手も冷たくなりますが、ナマコを食べずに冬は越せません。

旬の食べ物は挙げればもっとキリがありませんが、父との思い出も乗せて、ここでは酒の肴としての旬のものをご紹介してみました。今となっては、なんだか特殊な食卓のように見えるかもしれませんが、これらは、私たちの先祖がそれぞれのご当地で当たり前のように自然の恵みを享受して、血肉としてきたものです。

東西南北に長い日本列島で、海に囲まれた地域もあれば山の中に暮らす人々もいて、土地が変われば旬の時期もズレたり、土地の人が親しんできた旬のものも違うでしょう。地産地消、身土不二《しんどふじ》。健康維持には食が大きな役割を果たしますが、先祖が食してきたものを食べていれば間違いないのではないでしょうか。

フグの身を薄く切って、てっさにします。フグの皮の湯引きを載せて、自家製ポン酢でいただきます。

季節の手仕事

夏

季節の手仕事と呼ばれるものの代表として、まずは梅仕事が挙げられます。6月になると、何やら気持ちが浮き立ってきて、今年の梅の様子はどうかなと気になります。ご自宅のお庭に梅の木があって、毎年実をつけるという方がとても羨ましいです。私は、懇意にしている静岡の農家の方の梅林で自然に生《な》って木の上で完熟して地面に落ちた梅を毎年分けていただいています。自然栽培ともいえない、いわゆるほったらかし栽培という昔ながらの梅です。

多い時は20キロ。

半分以上は当然ながら梅干しにします。完熟梅の香りが家の中に充満して、それだけで幸せな気持ちになれるのはなんともお得です。

梅干しは簡単で、塩分量が高ければ、失敗することはまずありません。年によって、少しずつ塩分量を変えたものを作ったりしていた時もありましたが、今は、17％に落ち着いています。よく、18％といわれていますが、赤紫蘇の塩漬けを作る時にも塩を使うので、なんとなく1％下げているというなんともいい加減な塩梅です。

余談ですが、この塩梅というのは、醸造酢がまだなかった頃、塩漬けした梅から出た梅酢を調理に使っていて、この梅酢と塩の加減が味の決め手となったことが語源だといわれています。

塩漬けした梅から梅酢が上がって、梅がすっかり隠れるほどになったら、塩揉みした赤紫蘇を入れて、赤く染め上げます。7月20日前後の土用の入りを待って、まさに焼け付くような太陽の陽の下で天日干しをします。夜もそのまま、三日三晩干した4日目の朝、朝露のせいでほんのりしっとりした梅干しを保存瓶に入れて出来上がり。

梅を塩漬けにして1ヶ月。土用が来たら、焼け付くような日差しの下で土用干し。

梅酢も夏場のご飯を炊くときに少し入れたり、寿司酢にしたり、ドレッシングにしたり、薄めて飲んだりと、大活躍です。紫蘇は刻んでゆかりにするのはもちろん、潰れてしまった梅と一緒にしてミキサーにかけて、梅肉にしたりします。

2年もの3年ものの梅干しの方がまろやかで、断然美味しいので、できた梅干しはすぐには食べず、最低でも半年くらいは寝かせておきます。

梅仕事は、梅干しだけではありません。梅シロップや梅酒、紫蘇ジュース、梅肉など6月7月は暑い夏を乗り切るための仕込みに明け暮れます。

梅シロップに梅酢を入れて炭酸で割ると、綺麗なピンクの梅ソーダができますが、真夏にたっぷり汗をかいた後は、身体中に染み渡るので、夏を乗り切るには必須です。

秋

秋の手仕事といえば、栗の渋皮煮でしょうか。栗は縄文人も常食していた木の実だと思うと、はるか昔の人々の暮らしに思いを馳せ、硬い栗の皮を剥く作業にもついつい熱が入ります。

外側の硬い鬼皮も熱湯に少しつけておけば剥きやすくなります。底のザラザラしたところを少し切って、それを手がかりにして鬼皮を剥けば、中の渋皮も傷つけずにスイスイ剥けます。

剥き終わった栗は、何度も茹でこぼしてアクを抜き、ひたひたになるくらいの水と砂糖でコトコト煮ます。仕上げに少し醤油をたらすとグッと味が締まります。手間暇かけて作った栗の渋皮煮は、一粒で十分満足できるお茶請けです。

秋の手仕事といえば、もう一つ。干し柿作りです。渋柿をいただいたり、知り合いのところに取りに行ったり、地方住まいのお友達は持っておくべきですね。柿は葉っぱの少し上の枝に節があるので、そこからもぎると、簡単に収穫できます。それに、その枝があるおかげで、干し柿を吊るしても落ちないという利点もあります。

もぎった柿は固いうちに皮を剥いて、枝のところ、もしくはヘタと実の隙間に凧糸をかけて、吊るしておきます。

長野で収穫した柿。ひたすら皮を剥いて、よく陽の当たるベランダで干します。

最近は、干し柿用のクリップがついている紐も販売されていて、それを使うととても作業が楽になります。

東京では冬の気温もそこまで低くならないので、あらかた干せたら冷蔵庫に入れて温度を下げます。すると中の糖分が表面に浮き出てきて、絵に描いたような白い粉を吹いたねっとり甘くて美味しい干し柿の出来上がりです。

一年で一番寒い大寒の時期に大勢の手を入れての味噌作り。

冬

冬の手仕事はなんといっても味噌作りです。大寒の一番寒い時期に仕込むのが良いとされています。仕込み始めはゆっくりと発酵させることで旨みが増すからです。温度が上がると発酵が進むので、仕込みには寒い冬を選びます。少しずつ温度が上がり、真夏の暑さの中で、菌が活発になって一気に発酵が進み、秋から徐々に気温が下がるにつれて、落ち着き、熟成されていきます。1年かけてじっくり熟成した手前味噌で味噌汁を作ると、出汁が必要ないほどの旨みでいっぱいです。

実は味噌作りも決して難しい手仕事ではありません。大豆を茹でて、潰して、塩と米麹を合わせてしっかりこね、表面が空気に触れないようにして冷暖房の影響の少ない場所で保管します。

味噌作りのレシピはたくさん出ていますし、味噌作りワークショップも各地で開催されているので、冬の手仕事として定番の位置に座らせてあげてみてください。

春

春の手仕事は山菜尽くしです。

土筆《つくし》の袴を取って佃煮にしたり、山蕗《やまぶき》で伽羅蕗《きゃらぶき》を作ったり。木の芽と松の実で和風ジェノベーゼを作ったり。蓬《よもぎ》を摘んで蓬もちや蓬のケーキも独特の香りが口の中に広がって春の美味しさで幸せになります。

春に芽を吹く山菜は、冬の間に溜め込んだアクを含んでいるので、手仕事を終えた後は指の先が黒ずんでしまいますが、これも春の風物詩。ピカピカキラキラにお手入れされたネイルとは真逆の姿ですが、お仕事する手は美しく見えます。

木の芽をすり鉢であたって、木の芽和えや、木の芽のジェノベーゼに。

麹文化

私が初めて麹に興味を持ったのは、小学校の5年生の頃でした。祖母が作る田舎味噌や、金山寺みそが大好きで、その材料となる麹を夏休みの研究発表の題材に選んだことを覚えています。

母がアポを取ってくれ、堺の確か、方違神社《ほうちがいじんじゃ》の近くにある麹屋さんを訪れました。今でも強く記憶に残っているのが、薄暗く、湿気を帯びた店の中で、一際白く光る米麹の姿と、麹の甘い香りです。白米の白さとは格段に違うその色は、黒っぽい木で覆われた店内で光に見えたのでしょう。

肝心の研究内容は全く覚えていないのですが、その時の光景と香りの記憶は容易に蘇ってきます。

料理は好きなのに、なぜか発酵ものには一切手を出さなかった母に、何度も「おばあちゃんから味噌作りを習ってほしい」とお願いしましたが、叶うことなく祖母は他界しました。なので、麹への興味はプツンと途切れ、私が再び麹と出会ったのは今から10年くらい前のことです。

友人から誘われて、米麹を作る2泊3日の合宿に参加したのです。中身をあまり知らずに、誘われるがまま参加したこの合宿で出会ったのが、「麹の学校」の代表で麹文化研究家のなかじさんでした。「麹の学校」については後述するので、ここでは軽く、その合宿に触れて麹への入口にするとしましょう。

竈門（かまど）に薪をくべて、羽釜でお湯を沸かし、お米を蒸すところから、麹作りが始まります。

薪を焚いて羽釜《はがま》でお米を蒸すところから合宿が始まりました。蒸しあがった蒸し米を冷まして3回に分けて麹菌をふりかけます。その後、布で包んで保温します。ここからの人の介入は温度と湿度の管理です。麹菌が育つのを待つ3日間。座学や一緒にお料理をしたりして過ごします。

途中、3回の手入れをします。手入れとは、発酵によって温度が上昇しすぎるのを避けるため、人が蒸し米に手を入れて環境を均一にし、米一粒一粒に満遍なく菌糸が成長するのを助ける大事な作業です。

手入れは神聖な儀式のようでした。手を入れるたびにお米に伸びる菌糸が白く光り、独特の甘い香りも立ってきます。その時、私の小学生の記憶が蘇ってきました。そう、暗がりの中で白く光る米麹です。

この米麹、2011年に塩麹ブームが湧き上がり、古くからの麹文化から新しい調味料が生まれたことで、光が射しました。かつてはどこの家でも自分で味噌や醤油を作っていたのに、調味料は買ってくるものという時代の流れの中で麹が売れなくなり、大分県佐伯市に300年以上続く老舗「糀屋本店」も店の存続が危ぶまれていました。その時、9代目の女将、浅利妙峰さんが、日本人の好みに合って、手軽に使える麹の使い道はないかと模索をしていた時に生まれたのが塩麹でした。実は、江戸時代の文献にも、麹と塩と水だけで作った調味料があったそうで、それを復活させ、世に広めたというわけです。

今や、塩麹は手軽にスーパーでも手に入り、現代の日本の食卓や、料理店でも一般化した調味料になりました。

麹には、豊富な酵素が含まれ、その酵素が旨みや甘みを作ります。麹菌自身が、酵素を作り出します。麹菌が成長するために穀物の澱粉やタンパク質が必要です。澱粉やタンパク質を分解するためには酵素が必要だからです。その酵素を利用して作るのが、日本の伝統的な発酵食品である、お酒、味噌、醤油、味醂、酢です。

麹の手入れは3回行います。盛り、仲仕事、仕舞仕事が終わったら、「花道」という畝を作って熱と水分を発散させ、酸素を供給します。

この麹菌は、ニホンコウジカビと呼ばれているカビ菌です。カビと聞くとびっくりするかもしれませんね。ニホンコウジカビは学名をアスペルギルス・オリゼーといって、アスペルギルス属の多くのカビが毒性を持つのに対して、オリゼーは毒性のない特異なカビなのです。

もともと、ニホンコウジカビは稲穂の収穫間際に稲につく稲麹という黒いカビです。稲霊《いなだま》とも呼ばれ、日本人は古くから神様からの授かり物だと考えていました。授かり物に人の知恵を加えて作ったお酒を御神酒《おみき》として神様に供えるのは、神と人との共同創造物だといえるのではないでしょうか。日本人の味覚の原点となる和食の調味料が全て麹由来であることも然りです。

そんな視点で麹や発酵文化を捉えてみると、自ずと味噌、醤油などの調味料を選ぶ基準も変わってくるかもしれません。そして、もう一歩進んで、また誰もが自宅で味噌や醤油を仕込む文化が戻ると、日本人の暮らしにも心の豊さが広がるのではないかと妄想します。

「麹の学校」では、各家庭で誰でも麹を醸す文化を作ることをビジョンに掲げて、麹作りの認定講師を養成しています。ビニール袋に種麹をまぶした蒸し米を入れて、ポケットに入れ、自分の体温で麹を醸すという「ポケット麹」の普及にも取り組んでいます。

昔流行った「たまごっち」は、ポケットに入れたゲーム機を使ったひよこ育てでしたが、こちらはポケットで育てる本物の米麹です。「今、私の麹菌はこれくらい育ってるよ」とポケットから出して友達と見せ合うなんて文化が流行ると面白いですね。

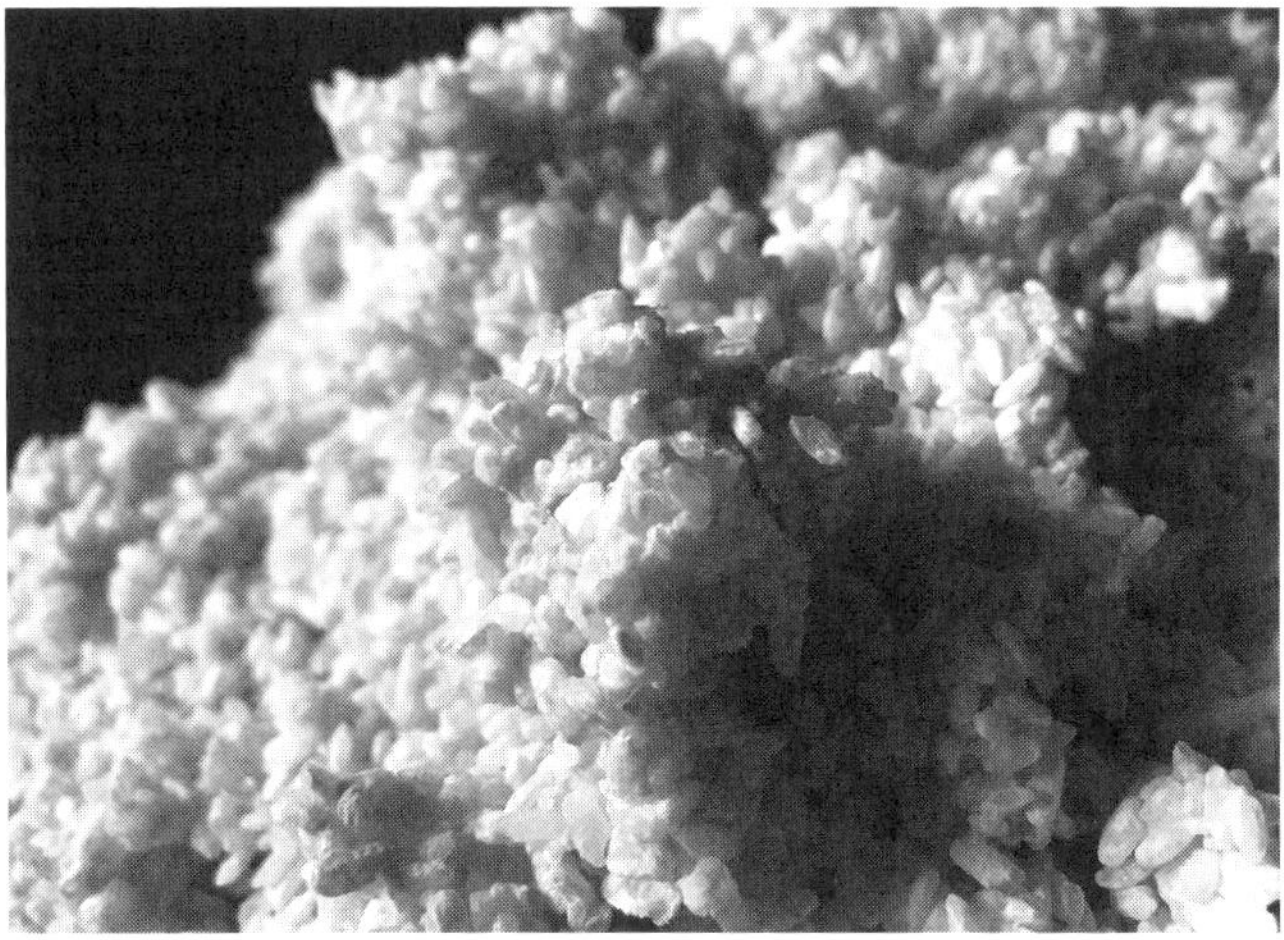

培養してから48〜60時間たった米麹。菌糸が中にも外にも成長して、栗のような香りがしたら完成です。出麹で、麹の成長を止めます。

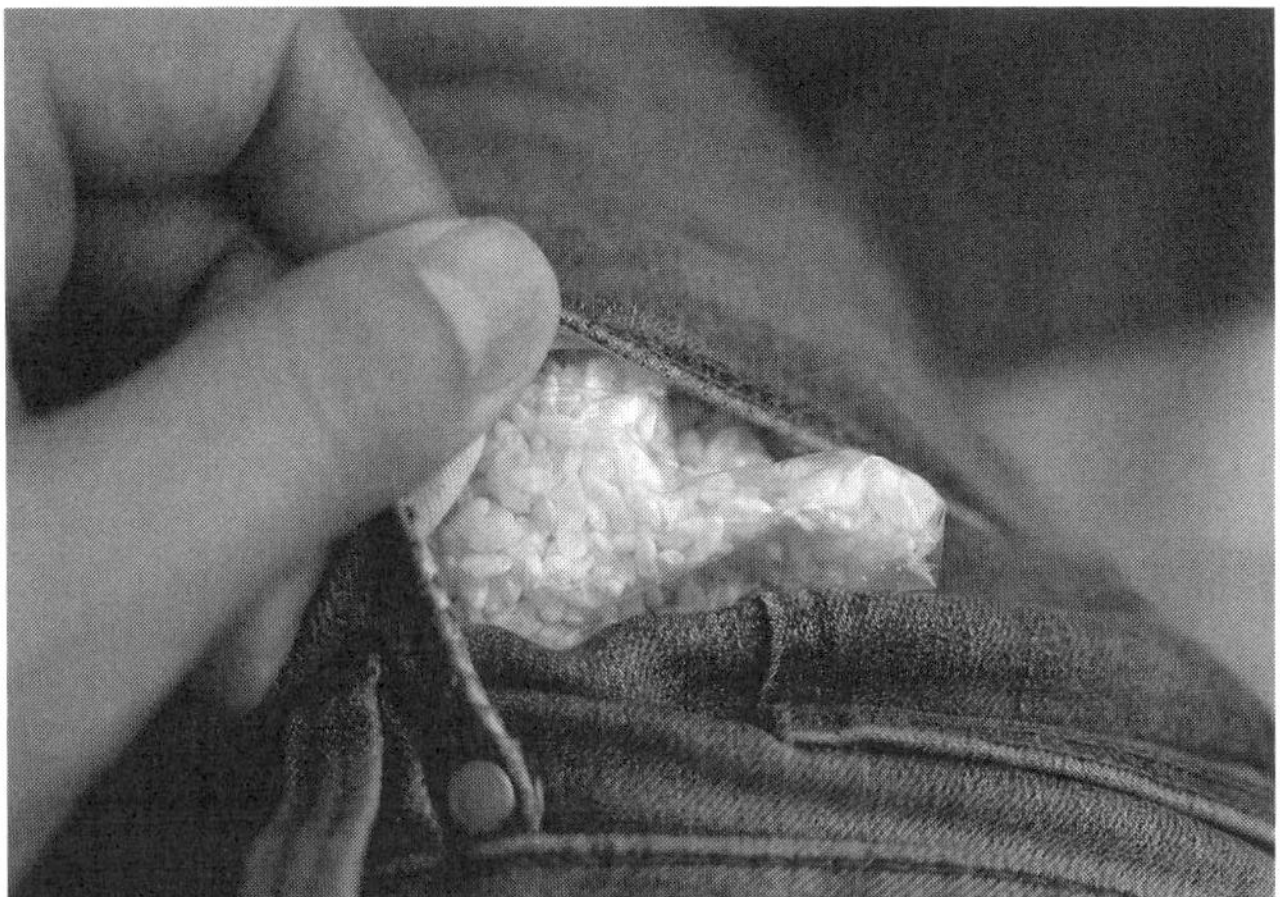

種麹を振った蒸し米をビニール袋に入れて、ポケットに忍ばせておけば、人肌で温まり、麹ができます。夏限定の、世界一簡単な麹作り。

米作り　一粒の籾種《もみだね》から

田植えや稲刈りの体験をしたことのある方はどれくらいいらっしゃるでしょうか。私は、息子たちが小学生の時、学校の教育の一環で田んぼをお手伝いしたことがある程度で、親戚縁者に農地を持っている者もいない、お米づくりとは縁のない一般的な都会育ちの人間でした。

しかし、10年ほど前に、前述した「麹の学校」のなかじさんと出会い、麹文化に興味を持ってから、少しずつお米への関心も強くなっていきました。

イベントとして、田植えや稲刈りに参加を重ねていくうちに、一年を通して田んぼの仕事を体験したいという思いが湧き上がってきて、ある年、京都の綾部市で「農家民宿ぼっかって」を運営している友人の田んぼを手伝いながら、お米作りを教えてもらうことにしました。

新幹線に乗って綾部まで行ったのは一年を通して5回。

まずは、4月。籾種を一粒一粒土に下ろします。この一粒から500〜600粒のお米が取れる

右は籾種を土に下ろした後、苗を育てるための苗床に水やりをしているところ。
左は真夏の暑さを避けて夕方、田んぼでの草取り。

といいます。お茶碗一杯分で約4000粒。約6粒の籾種でお茶碗一杯分に増えるので、一粒たりとも無駄にはできません。「一粒万倍」とはまさにこのことです。

土に下ろした籾種は、田んぼで育てます。土が乾かないように草を被せてたっぷりの水を撒き、鳥に食べられないように囲いをします。

次は6月の田植え。30センチほどに育った苗を田んぼに植えていくのですが、綾部の農家ぼっかって方式は、水を張らずに土に穴を開けて苗を植えていくものです。不耕起栽培といって、耕さず、代掻《しろか》きもしない田んぼは、長年積み重なった草の層が重なり合い、下に行くほど長年の養分がしっかり詰まった土で稲を育てるので、田植え時は棒で穴を開ける必要があります。

腰に負担がかかりにくく、水で足を取られることもないので、水を張った普通の田植えよりは体力を消耗しません。田植えが終わったら、水路を開けて水を張り、通常の田んぼと同じ風景になります。

次は7月から8月にかけての草刈り。田植えや稲刈りはイベントとして参加しやすい作業ですが、夏場の大変な草刈りを経験しないと、年間通じて田んぼを経験したことになりません。暑い盛りの作業は過酷で、早朝と夕方だけになりますがそれでもクタクタです。

8月、稲穂が出てきたら、稲の花が咲き出すので、もう田んぼに入るのは気を使います。それまでどれだけ草が刈れるかが勝負です。

真っ直ぐに伸びた緑の稲穂に白い花が咲き、少しずつ穂が膨らみ、黄金色になると同時に首《こうべ》を垂れ、10月になると稲刈りです。

綾部のぼっかってでの稲刈りはもちろん手刈り。近所の人たちも集まって、大勢で手際よく刈っては束ね、竹で作ったハゼに掛けて干します。田んぼがどんどん更地になっていき、ハゼ掛けの竿が稲の重みで軋みます。

右は稲刈りをしてハザ掛け後、足踏み脱穀機で脱穀。休憩時間に藁の上で昼食休憩。
左は脱穀したてのお米を精米して炊いたご飯。

数週間、お日様の下で干された稲も、11月、いよいよ食することができます。ぼっかってでは、脱穀も電気を使わず、足踏み脱穀機と、唐《とう》箕《み》という風を送って籾殻や塵と玄米を選別する昔ながらの道具が活躍します。手と足、同時に違う動きをするのは普段の生活の中ではなかなか体験しないので、慣れるまで時間がかかりますが、やってみるとなかなか面白いものです。

乾いた田んぼに藁を敷き、今、脱穀したばかりのお米を籾摺《もみす》りし、玄米を精米し、炊き上がったご飯を食べる。これほどの贅沢が他にあるでしょうか。

普段何気なく食べているご飯も、一粒の籾種から春夏秋と季節を経る中で大切に育てられ、私たちの生命の糧になります。普段都会で生活していると、自分たちの健康や生命に関わることでさえ、ついつい人任せになってしまっているのではないでしょうか。

ぼっかってでの体験を次に繋げ、伝えていこうと、今度はＮＰＯ法人運営の田んぼのオーナーになることにしました。一般の人が田んぼを始めるきっかけは、家族の食べる分は自分たちで作るという自給自足の考えに近いものがありますが、私の田んぼはそういうモデルとは少し違っています。

ぼっかってでの一年を通じてのお米作りの体験の中での感動や学び、喜びを周りの人たちにも体験を通して伝えたい。そんな思いから始まった、籾種下ろし、田植え、草刈り、稲刈り、脱穀の作業。断片の経験でも、田んぼが身近になり、お米への思いが変わると、関わった方達それぞれがその体験をきっかけに何か小さなことでも行動に変化が起こるのではないかと期待しています。

「和・輪・環の田んぼ」と名付けた4畝ほどの小さな田んぼは、20名ほどのサポーターの皆さんに支えられ、1年目の収穫の日を迎えました。小さな田んぼで作ったお米は、ササニシキ、はたはったん、イセヒカリ、はるみ、そしてもち米の喜寿です。どれも多くは収穫できませんでしたが、一から育てたお米のおいしさは格別です。

ササニシキは数年前に鹿島の田んぼで稲刈りのお手伝いをした時にいただいてきた一穂の稲を、

バケツで育てて繋いできた籾種から苗を育てました。そこから、約3キロ（約2升）のお米がとれました。イセヒカリは綾部の稲刈りの時の一穂からこれもバケツ稲で繋ぎ、約6キロ（約4升）のお米になりました。

バケツ稲の育て方は次の項目でお話ししますが、今すぐ田んぼでのお米づくりは難しくても、準備をしておけば道が開けるとはこのことです。

毎回顔ぶれの違うサポーターの方と一緒に作業するのは楽しくもあり、チームでの協同作業にはいかに司令塔の役目が重要なのかもわかりました。田んぼの作業こそ、リーダーの存在が必要であり、チームビルディングの力が求められます。田んぼの運営をしてみて、そんなことに気づき、田んぼを使った企業研修ができれば、心も身体も鍛えられ、会社に新しい風が吹くのではないかと思っています。

昨今、西洋的な個人主義が横行し、個人の主張が目立ち、マネージメントに苦労されている経営者の方も多いと聞きます。日本らしい調和の精神とリーダーシップが学べる場として、田んぼは可能性に満ちています。農業への関心、食への関心も同時に高まるかもしれません。

一粒の籾種から、社会が変わる未来さえ見えるような気がします。

バケツで稲を育てる

いきなり田んぼは無理でも、バケツでなら気軽に稲を育てることができます。稲刈りイベントに参加する機会があれば、一房の稲穂をいただけるか聞いてみてください。翌年の春にそれを籾種にして、家の軒先で苗を育て、芽が出て少し大きく育ったら、バケツに土を入れ、水を張ってお家で田植えができます。

私が初めての年に使ったのは水生植物用の土ですが、それ以降は、ネットでも買える田んぼの土を使っています。育ててみて、どちらも大差ないので、手に入りやすいものを選んでください。もちろん、腐葉土でも構いません。

バケツは、並べやすいように、四角いものを使っています。四角だと、苗も4つ植えられるので、おすすめです。

育て方は簡単で、水を切らさないようにすること、昼間は日照時間の長いところに置くこと、夜間は「光害」を避けるために、できるだけ街灯のない暗いところに置くこと。

これさえ守れば、青々とした葉が育ち、8月の猛暑の頃には稲穂が顔を出し始め、ただひたすら真っ直ぐに天に向かって伸びていく稲穂が白い可憐な花を付けるのを目にすることができます。次第に黄金色に染まりながら首《こうべ》を下げていく様子を毎朝出かけるときに見るのを想像してみてください。

籾種から育てた稲が陽の光をたっぷり浴びてバケツでスクスク育ち、秋には稲穂が頭を垂れます。

お米は食べるものなので、できた稲は食べることを目的としがちですが、バケツ稲はそんなふうに、観賞用としても楽しんでいただきたいです。稲の育つ様を見ていると、日本人としての帰属意識を呼び覚まし、土地や先祖への感謝の気持ちに繋がること間違いなしです。

佐藤初女《はつめ》さんのおむすび

長年にわたって、青森県の岩木山山麓で「森のイスキア」と呼ばれた癒しの場を主催していた佐藤初女さんをご存じでしょうか。初女さんは、悩みや問題を抱えた人たちに寄り添い、心のこもったお料理を提供し続け、多くの人の心を癒してこられました。「森のイスキア」を離れる際に、お土産として手渡されていたのが、「初女さんのおむすび」でした。

初女さんは、龍村仁監督の『地球交響曲 第二番』に出演されたことがきっかけで世の多くの方にその存在を知られました。

94歳でお亡くなりになるまで、食や祈りの持つ力の大きさを説き、実践し続けた方です。

20冊以上の本も出版され、最後の著書となった『限りなく透明に凛として生きる』の出版記念講演会の司会を仰せつかったことで、私も長年の憧れだった初女さんと直にお目にかかってお話しす

綾部の農家民宿「ぼっかって」で出された初女さんのおむすび。青森の森のイスキアに滞在したこともある「ぼっかって」のご主人が丁寧に握ってくれました。

る機会を得ることができました。

講演会に先立って、初女さんのおむすび講習会に参加もさせていただき、間近で初女さんのお料理をする様子、おむすびを握る様子を拝見するという幸運にも恵まれました。

初女さんがおっしゃっていたのは「命の移し替え」。青物の野菜を茹でる時、じっと観察していたら、「命の移し替え」の瞬間が見えるというのです。水を沸騰させたお鍋に優しくブロッコリーを入れ、菜箸で軽くかき混ぜます。そして、じっと鍋の中を目を凝らして見ている初女さん。浮いてくるブロッコリーを時々菜箸で沈ませ、また鍋の中を見ています。受講者は固唾《かたず》を呑んでその様子を見守ります。

しんと静まり返った中、ある瞬間に「透明になりました」と初女さん。そのタイミングを見て、ブロッコリーをザルに上げます。

つまり、畑で育ったブロッコリーがその命を私たち人間のために使うと覚悟が決まった時、その存在は一瞬透明になり、命の移し替えが起こるというのです。この講習会以降、どんな小さな命をいただく時も、移し替えられた命に感謝することを思い出すようにしています。

初女さんのおむすびには祈りが込められています。初女さんは言います。「おむすびは、握る人の心を伝えている」と。生前最後の講習会となったあの日、受講生に囲まれておむすびを握る初女さんは、一握りするごとに光を放っていて、私にはそれが透明になっていくように見えました。オカルトでもなんでもなく、本当にそんな風に初女さんから光が見えたのです。

その講習会の約1年後、初女さんは本当に透明になられました。あの時、おむすびを握りながら、命の移し替えをしてくださったのだなと思います。

第三章
嗜《たしな》みとしての茶道

茶

「茶道」といえば、何を思い浮かべますか。「抹茶」と「和菓子」や「おもてなし」「女性の習い事」などでしょうか。「気おくれする」というイメージをお持ちの方も多いのかもしれません。

「千利休」や「一期一会」「侘び寂び」など、言葉を聞いたことはあっても、ふわっとしたイメージで捉えていることも多いのではな

いかと思います。そこで、日本人として知っておきたい茶道の基礎知識を私なりの視点でお伝えしていきましょう。

私なりの視点というのは、これまで海外で日本大使館主催イベントなどに於いて、日本文化の紹介をしてきた経験から身につけた視点。そして、素晴らしい師匠に出会い、曲がりなりにも細々とお稽古を続けてきた一お茶好きとしての視点です。

あなたがお茶好きになるきっかけとなり、あなたの日常に丁寧に抹茶を点てる時間が加われば幸いです。

仕掛け人、千利休

私は、大阪堺の出身です。堺の人たちは千利休のことを「利休さん」と呼んで親しんでいます。茶道といえば、京都がまず浮かんでくるでしょうし、お家元制度など、気おくれするという方もいるかもしれませんが、堺の人たちにとってその呼び名からもわかるように、「利休さん」はもっと親しみのある存在です。

利休さんは、先祖代々、堺の人であったのではなく、祖父の時代に堺に移住してきたといわれています。利休さんの父親は、「ととや」という魚問屋や倉庫業、運送業など手広く商売を行なっていましたが、豪商揃いの堺では、いわゆる中小企業という位置付けの商家でした。当時の堺は、豪商を中心にした自治の組織が作られ、独立した都市国家のような運営がされていました。将軍や大名による統治から外れ、経済を回せる商才に長けた実力者を中心に作られた自治都市として栄えた堺は、今の息苦しさを感じる日本社会に変化をもたらす良いモデルになるのかもしれません。

堺にはザビエル公園という公園があり、フランシスコ・ザビエルがキリスト教の布教をする礎になったことでも知られています。長崎の出島と同じく、堺にも出島という地名が今も残っていて、

左から唐銅朝鮮風炉と釜、深みのある溜塗りの山雲棚を使って、染付けの水指と塗の棗。道具の取り合せが茶会を演出します。

国際都市としての顔も重要です。

主従関係から解放された自由の上に成り立つ自治、西洋文化を取り入れる開放感と柔軟性、武力ではなく知恵と商才に長ける者が動かす経済、それらが相まって独特の文化を作っていったのが当時の堺でした。

また、堺といえば鉄砲鍛冶が有名ですが、当時堺で作られていた鉄砲の数は、全ヨーロッパでの生産数を上回っていたというのですから、堺が世界一の日本の軍事力を支えていたといえます。

特筆したいのは、堺という商人の町から千利休という世紀の大天才が世に出たということです。世は戦国時代。武士が武力によって権力を持っていた時代です。生と死が隣り合わせにあった戦国大名に「侘び寂び」という儚い命の美学を説いたのが千利休でした。まさに、時代が利休さんを呼んだといっても過言ではありません。

では、利休さんの独創的な仕掛け人としての功績をいくつかご紹介しましょう。

・完璧なものではなく「不足の美」に着目した。いわゆる「侘び寂び」茶道の大成。
・唐物（中国からの高級品）ではなく、日常で使われているものを「見立て」として利用したり、掘り出し物に価値を見出したりした。
・黒一色の黒楽《くろらく》茶碗を考案し、陶芸家ではなく瓦職人に茶碗を作らせ、普遍的な美の追求をした。
・茶室を狭い空間にして、より親密な会合のできる場にした。
・「お茶」というテーマの下に、大名から庶民までが集う、今でいう万博のような大茶会をプロデュースした。

まだまだ並べればキリがないほど、独創性溢れる利休さんのプロデュース力を計り知るエピソードはたくさんあります。利休さんが活躍したのは今から500年以上も前ですが、現代でもビジネスや経済を考える上で、とても参考になる発想ばかりです。

フランス人の友人で、パリのアパルトマンの一室に茶室を作って、茶道の文化を広めている方がいます。その方は、ミシュランに勤めておられた方で、日本に滞在していた15年間で茶道を学び、これほどビジネスに直結するものはないと、退職してフランスに戻られた後も、若くて優秀な世界各国の学生を中心に、無償で茶道を教える活動をされています。彼らがそれぞれの分野で活躍する上で、茶道の哲学をベースにしてほしいという思いからだと聞いています。

ビジネスに活かせるというのは、つまりは、教養を身につけ、人格を育て、人間力を高めるということです。加えて、発想の大転換のもと、時代のニーズに応える利休さんのビジネスセンスというものも、お手本にしたいものです。

一期一会《いちごいちえ》と一座建立《いちざこんりゅう》

ある秋の休日、京都の山里にある茅葺《かやぶ》き屋根の茶室に招かれました。紅色と黄色に彩られた木々に囲まれた庵には紺色の暖簾《のれん》がかかっていて、そこから顔を出した初めて会う茶人は人懐こい笑顔で「ようおいでなさったね。お気楽に」と言ってまた庵の中へ入っていきました。お茶の嗜みの経験がなく、本格的な炉開きのお茶事《ちゃじ》に招かれてもお作法などわかるかしらと、少し不安だった私の心は一瞬にしてほぐれ、のんびりと小春日和のお庭を楽しみながらお茶事が始まるまでの時間を過ごすことができました。今思えば、あの瞬間から一期一会のおもてなしが始まっていたのでしょう。

ご縁あって、その山里での茶会に招かれたのは良いものの、お恥ずかしながら、この時まで、茶道を知らないほとんどの日本人と同じく、私もぼんやりと、茶道といえばお抹茶を点《た》ててお茶菓子をいただくものだというイメージしかありませんでした。まさか、お茶事というものが、4時間もかけて、懐石をいただき、部屋を出たり入ったり、のんびりお庭で時間を過ごしたりして、最後にお抹茶をいただくものなど、想像もしていなかったのです。今、この本を読みながら、当時の私と同じように驚いているあなたのために、少しお茶事についてご説明しましょう。

茶道で根源となるのが、お茶事です。お茶事には儀礼や形式がありますが、それは長い間にわたって日本人が大事にしてきた日常の中にある美意識が形になっているものです。お茶事にはいくつか種類があって、最も正式で代表的なものが「正午の茶事」です。お茶事には開催する目的があって、お祝いや、季節を愛でるなど、その目的によってお茶事の形態や趣向が変わります。

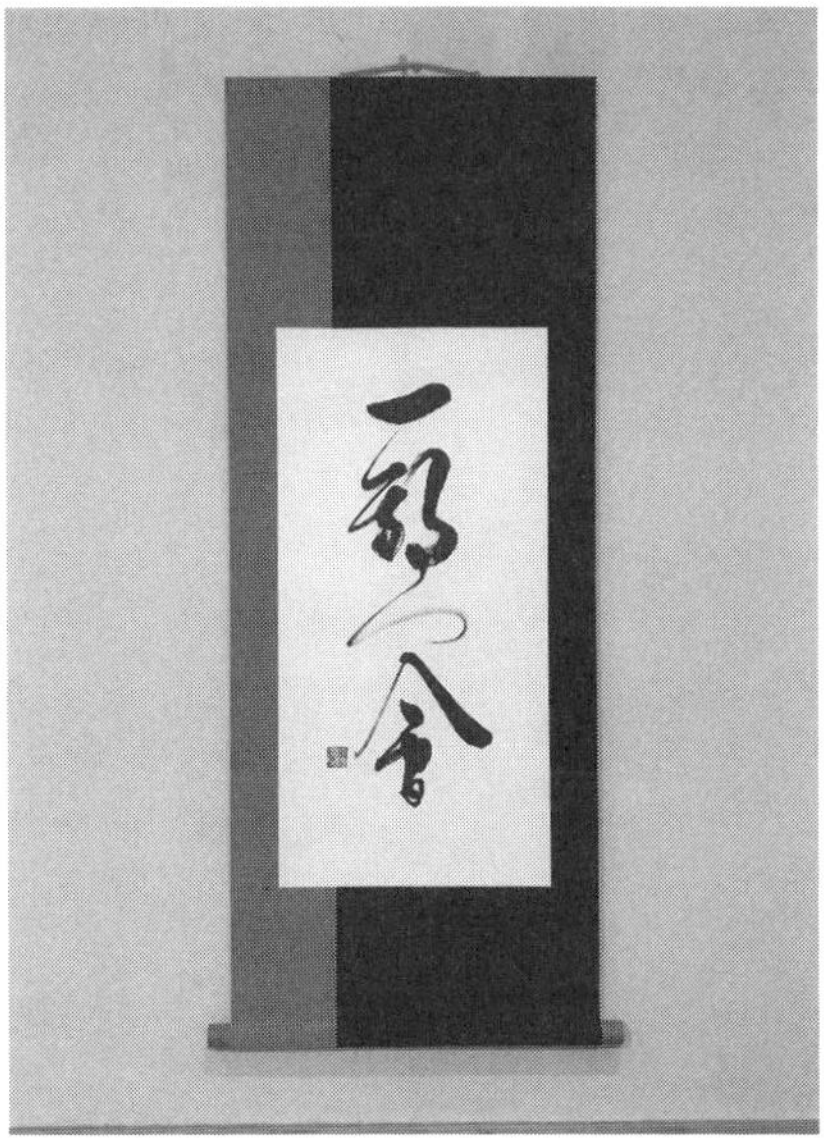
ブルキナファソの日本大使公邸に寄贈した「一期一会」の軸。大統領を招いての晩餐会の席に飾るなど、外交にも使われています。

「正午の茶事」は大体4時間くらい時間をかけます。まずは待合という小部屋でお湯が出されます。春だと桜の塩漬けを浮かべた桜湯が出されたり、季節を問わず昆布茶が出されたりすることもあります。お湯をいただいたら一旦お庭に出て、腰掛待合という屋根付きのベンチで路地を味わいます。ゆったりとした時間を過ごした後、いよいよお茶室に入ります。お茶室に入る前に、蹲踞《つくばい》で身を清めるのですが、お作法は神社の手水舎《ちょうずしゃ》でのお清めと同じく柄杓《ひしゃく》で水を掬い、左手、右手と清め、さらに一杓すくって口をすすぎ、柄杓を縦にしながら残りの水で柄を清めます。なんとも優雅で美しい作法で、清潔・清浄という衛生意識にも、流れるような所作を受け継いできたことに日本人の美意識を感じます。

パンデミックで多くの神社が手水舎を封じたり、柄杓を置かなくなったり、この作法も途絶えてしまうのではと心配しましたが、取り越し苦労になってほっとしています。

さて、茶室に入ったら、「初炭《しょずみ》」といって、炉に炭を入れて火の準備をします。この炭に時間と共に赤々と火がおこり、時にはパチっと火の粉をあげる音を立て、静かな茶室に音の演出をします。炭の準備が終わると、懐石が始まります。食事の途中でお酒も一献いただきます。まさに「盃を交わす」ということがお茶事でも行われます。煮物、焼物、焚き合わせ、八寸といただき、最後はお椀にお湯を注ぎ、香の物で洗って湯漬けをいただきます。

食事が終わると、お菓子が出されます。この時のお菓子が主菓子《おもがし》です。お花の形を模《かたど》ったりした季節感溢れる美しい和菓子は、見てよし、食べてよし。洋菓子では、丸いホールや長方形のものを切っていただくのが主ですが、和菓子は一つずつ手作り。季節に合った銘が付けられ、その姿形は千差万別です。

主菓子を食べ終わると、一旦茶室から出て、またお庭の腰掛け待合でゆっくりと時間を過ごします。銅鑼《どら》の音を合図に、もう一度茶室に戻ります。これを後座《ござ》といいます。初座《しょざ》の時は、床の間に掛け軸がかかっていますが、後座では掛け軸は下ろされ、代わりに花が生けられています。これは、和菓子の老舗「老松」で和菓子の講座を受講した時に伺ったのですが、初座では掛け軸だけでお花がない代わりに、お菓子でお花を表現しているのだそうです。後座では茶花がひっそりと床の間で佇んでいます。

茶道では、同じものをダブらせることを嫌います。重ねるとしつこく感じるという美意識です。現代のファッションでも柄同士を合わせる

お茶会が終わって、炭の後始末をしているところ。赤く色づいた炭は美しく、見えないところで茶会を支えてくれたことに感謝しながら。

と野暮ったくなるのと同じなのでしょう。言葉の表現も、つい重ねてしまうこともありますが、スッキリが大事ですね。

茶会に戻りましょう。ここからが茶事のクライマックスです。茶事の主役である濃茶をいただく段となります。濃く練り上げて点てられたとろりとした抹茶を客で回し飲みをするのです。一座を共にする客同士、一つの茶碗でお茶を回し飲むことで、絆を強固にするという意味合いがあるといわれています。「同じ釜の飯を食う」という言い回しもあって、一つのお鍋をみんなでつついて親睦を深めたりと、日本人は親密に食事を共にすることで、帰属意識や絆を深めることを好みます。

メインの濃茶が終わったら4時間もかけた茶事も終わりに近づきます。続いて薄茶をいただくのですが、薄茶の前には「後炭《ごずみ》」です。釜を下ろして、炭を少し継ぎ足し、お湯の温度を上げます。残り火のお湯でお茶を点てることはせず、最後まで最善のコンディションを保たせます。お菓子は乾いた干菓子。裏千家ではふわふわのクリーミーな泡の立った薄茶が点てられ、茶会は名残の中で幕を閉じます。

彩り豊かな秋の京都の山里の庵で開催されたこのような長く優雅な茶事を想像してみてください。私が茶道に恋に落ちるのを妨げるものなどどこにあるでしょう。この一期一会の山里の茶事からひと月もせず、尊敬する茶道の師と出会うことができ、これまで細々とお稽古を続けています。

実際にお稽古を続けていくうちに、先生の主催するお茶会のお手伝いをする機会を重ねることで、もてなす側から見た茶会の魅力も知ることができました。裏方には「水屋」といって、茶碗を洗ったり、お茶の準備をしたりする場所があります。美味しいレストランの厨房がどこもかしこも整然と道具が並べられ、ピカピカに磨き上げられているのと同じように、茶道の水屋もいつ誰が使っても気持ちよく水屋仕事ができるように整えられています。まるで自分の心を鏡写しにするかのようです。普段のお稽古ではもちろんですが、100名近いお客様を迎えるような大寄せの茶会の時でも、水屋は乱れることなく、それぞれの担当者がその持ち場持ち場をしっかり守り、流れるように仕事が進んでいきます。

誰の邪魔もしないよう、かつ、今、自分が何をすべきかをきちんと判断して行動するには、目配り気配りがものをいいます。そのような現場の水屋を支える人がいるからこそ、大人数のお客様にも心から楽しんでいただけるような茶会がマネージメントされるのです。

表舞台だけではなく、裏も美しい。両面が揃うことで、その場にいるすべての人が心を一つにし、一期一会の時間と空間を共に創りあげる一座建立が生まれるのです。

残心《ざんしん》と送り礼

武道では「残心」という言葉があります。緊張を切らさないとか、相手を打った後も油断せずに反撃に備える心構えのことをいいます。また、書いて字の如く、心を残すという意味でも使われ、茶道でも随所にわたって「残心」が大事になります。心を残すといっても、心は目に見えません。見えない心を所作で表すことができる場面が茶道では随所にちりばめられています。

道具を運び、畳の上に置いた後もすぐに手を離すのではなく、まるで別れがたい恋人と別れるかのように手を離すようにと、利休さんは説きました。

道具を清める動作、お茶を点てる動作、全てにおいて、絶妙な余韻があり、それが心を残していることの顕れでもあります。

一つ一つの動作が全て残心ともいえるのですが、最も象徴的なのが、お茶事が全て終わった後のお見送りです。

仕舞いのお点前が終わって、お茶事が始まった時と同じ状態にお茶室がなったとき、亭主は挨拶に出ます。客が茶事のお礼を言ったあと、亭主は一旦茶室から出ます。客は、改めて室礼《しつらい》を拝見して、茶室から出ます。客が茶室から出たところを見計らって、亭主はもう一度見送りに出ますが、この時は一切言葉を発しません。静かにお見送りの礼をします。これを送り礼といいますが、客の姿が見えなくなるまで心を残してお見送りをする、まさに「残心」です。

見送る方も、見送られる方も、共に過ごした茶事を振り返り、一期一会の時に感謝を思い、黙してその姿で心を感じ合うのです。欧米の人たちがハグで別れを惜しむのとは対照的ですね。

日常の中でも、友人知人を見送る機会はよくあります。そんな時は、許す限り、その姿が見えなくなるまでそこにただ立っている。「残心」を表現してみてはいかがでしょうか。

手の代わりとなって働いてくれる柄杓。竹でできているので軽いのですが、重みを感じて丁寧に扱います。

和《わ》敬《けい》清《せい》寂《じゃく》

茶道の基本の精神を表すのが「和敬清寂」です。

「和」とは、和する心。私たちは、自分と他者を分けて考えがちですが、本来私たちの真我というものは自他の分け隔てはありません。自他を分けてしまうから、自我を主張したり、競争意識が生まれたり、優越感や劣等感を覚えたりします。他者の喜びを自分の喜びと同じように喜び、他者の悲しみを自分の悲しみと同じように悲しむ。「私」や「あなた」など主語のない日本語の世界の住人にとっては、このような争いごとや諍いのない「和する心」が当たり前だったはずですが、昨今はどうでしょう。

「敬」とは敬う心。「マウントを取る」という言葉がありますが、少しでも相手より自分を大きく見せて優位性を誇示するという意味で使われます。敬う心とは真逆ですね。一方で、「実るほど頭《こうべ》を垂れる稲穂かな」という言葉があります。私も自分で稲を育てているので、若くて青い稲穂が真っ直ぐに伸びていき、白い花を咲かせて黄金色になる頃にはたわわな稲穂が頭を下げていく様子

道具は清浄に清められた畳に直に置きます。お茶をいただいた後、畳に手を付いてお茶碗を拝見します。

を目にする度に、稲穂から謙遜の心を教えられます。謙遜する心があるからこそ、相手を敬うことができます。自分の足りなさを知り、相手に自分の足りなさを補うところを見つけることから相手を敬う心が育っていきます。

「清」とは清浄な心。茶道では清浄さを大事にします。茶室を綺麗に拭き上げ、道具を清めて、清浄な環境を整えます。他の心はなかなか体感することはできませんが、「清」だけは、自分の身体を使って環境を清潔にすることで、純粋に「気持ちいい」という感覚を味わうことができます。私たちの身体も同じです。手が汚れていたら「気持ち悪い」し、汚れを水で流して綺麗にしたら「気持ちいい」。お風呂に入ってさっぱりするのは誰もが「気持ちいい」と感じます。

私たちの心も日々の暮らしの中で汚れます。仏教では五蓋《ごがい》といって、怒りや不満などの煩悩が修行の邪魔をするといわれます。心のお掃除のために瞑想をしても、見えないところのお掃除はなかなか難しいものです。環境を清潔に清めることで、「気持ちいい」と感じる心を重ね、心も清らかに保つことができるとしたら、それは茶道のマジックかもしれません。

「寂」とは動じない心です。私たちの心は外からの刺激に弱く、波風に左右されます。五感を通して感じるのが、小波《さざなみ》やそよ風だと、それもこの世の彩りにもなりますが、私たちの心の小舟は思いがけない波風で容易に転覆してしまいます。日本人は外国人に比べて感情を表に出さず、未曾有《みぞう》の災害に見舞われても冷静に行動すると評されることがありますね。災害を多く体験してきた日本人には抵抗を避けて受け入れるという姿勢が培われてきたのでしょう。表に出さずとも、内側の心は波風で転覆しそうになっているかもしれません。たとえ揺れたとしてもすぐに元に戻る平衡感覚を鍛えたいものです。

「和敬清寂」
和する心で自他の境を取り除き、敬う心で他者の利点を見つけ、心を清らかに保ち、何があっても慌てず騒がない。そのような在り方がいつかできればと願います。

一畳茶道のすすめ

純和風の住まいが少なくなった今、多くのお宅にはリビングルームがあって、ローテーブルやソファーが置かれているでしょう。

もちろん、テーブルの上でお茶を点てることもできますが、リビングの隅に畳を一畳敷いて、床の間に見立てた板を置けば、そこはもうお茶室です。結界があればなお良し。リビングでありながら、日常とは違う領域が出現します。

フランスでお茶をしている友人たちは例外なく、ここは本当にフランスなの？　と目を疑うような置き畳の茶室を設えています。

それをヒントに、我が家でもリビングに畳を敷いて一畳茶道を実践しています。琉球畳を使えば、ますますシンプルに茶室を作ることもできますね。

忘れてならないのは、書の演出です。色紙に今日の茶会のテーマになるような言葉や漢字を筆で書き、茶花を飾った見立て床の間の壁に飾ってください。日常の暮らしの中、自分だけの領域で茶道を楽しむ時間を持てばリフレッシュできること間違いなしです。

※「一畳茶道」は特許出願中。

お茶で学ぶおもてなしの心

千利休が残した言葉があります。

「茶は服の良きように点て　炭は湯の沸くように置き　花は野にあるように生け
夏は涼しく冬暖かに　刻限は早めに　降らずとも傘の用意　相客《あいきゃく》に心せよ」

これは利休七則と呼ばれる茶道の教えです。ある時、利休の弟子が「茶の湯で最も大切な心得は何でしょう」と問うたのに対しての答えがこれでした。あまりにも当たり前で、弟子が「そのようなことはもう知っています」と言ったところ、「これができるなら、私はあなたの弟子になりましょう」と利休が諭したといわれています。

当たり前のことが最も難しい。これは禅の教えにも通じます。

一つずつ紐解いていきましょう。

「茶は服の良きように点て」

飲む方にちょうど良い加減でお茶を点てるようにという意味ですが、その日の天候や相手の気持

たった一服のお茶を美味しく召し上がっていただくために、日々の稽古で鍛錬し、入念な準備を重ねます。

ち、体調も考慮して、一番美味しく召し上がっていただけるように点てるのは至難の業です。こちらの気持ちの押し付けであってもなりません。相手を過度に喜ばす「サプライズ」のようなものとも違います。高揚感というのは、興奮で、興奮が冷めれば下がる。上がった分だけ下がるというのがこの世の真理です。じんわりと芯から心が温まるようなお茶をお出しする。簡単そうで難しいのです。

「炭は湯の沸くように置き」

茶道では炭を使って湯を沸かします。私の先生の稽古場では、毎回のお稽古で炭を使わせていただいていますが、これも昨今では当たり前ではなく、多くの茶道教室では電熱器を使っているようです。炭は手間もかかりますし、茶道用の炭を作る業者さんが減って、手に入りにくくなり、値段も張ることから電熱器を使うところが多いと聞きます。お稽古でいただく抹茶は格別に美味しく、先生には感謝でいっぱいです。話は外れましたが、茶道では「炭手前」というお手前があり、炭の置き方が決まっています。これも、お客様にちょうど良い温度でお茶を召し上がっていただくための大切な行いです。炭はガスコンロのように火加減の調節が容易にできる訳ではありません。五徳の上に重い釜を置いたら、そうそう炭を組み替えることもできません。時間の経過も計算した上で、先の予想を立てて炭を置く。普段の行動やビジネスにも応用できそうですね。

「花は野にあるように生け」

茶道で生けるお花は、「茶花」といって、「いけばな」とは区別されています。「池坊」で知られるように、いけばなは元々仏様にお供えをするためにお坊さんが始めました。お墓参りでも、お花は欠かせません。お花は「慈悲の心」を表しているが所以です。私たちは花から優しさや美しさ、思いやりの心を受け取っていますね。茶道の茶花は、その花がかつて自然の中でどのような姿で咲いていたのかが残像のように感じられるように生けます。できるだけ手を加えない状態で、床の間で季節の野山を再現するのです。茶室にいながら、自分も自然と一体となる空間を演出する。人の自然への憧れを表しているともいえます。

「夏は涼しく冬は暖かに」

これも当たり前のように感じますが、単にエアコンで温度調節をするという意味ではありません。室温の調節はもちろん必要ですが、人は目や音、手触りなど、五感を使って涼しく感じたり、暖かく感じたりするものです。夏には洗い茶巾や、葉蓋《はぶた》といった、涼しげな演出の入ったお点前があります。お菓子も夏は寒天を使ったものが出されます。少し寒くなる10月には中置きといって、火の入った風炉をお客様に近づけます。冬にはお茶が冷めにくいように筒茶碗という口が狭く底の深い茶碗が使われたりもします。テクノロジーは便利ですが、頼りすぎると人は退化へ向かいます。工夫をする知恵をつけたいものです。

「刻限は早めに」

時間というのは命そのものです。人は刻一刻と死へ向かっているからです。とはいえ、この言葉は「人を待たせて相手の時間を奪ってはいけません。待ち合わせ時間には早めに行きましょう」などと諭している訳ではありません。もちろん、それも大事ですが。常に自分の時計を少し早めて、余裕を持って行動することで、平常心が保たれます。つまり、動じない心です。余裕を持つことで、目の前の相手との一瞬一瞬を大事にすることができる。相手の命である時間をも大切にすることができるのだというところまで気づかされる言葉です。

「降らずとも傘の用意」

不測の事態にいつでも対応できるよう準備しておくことは大事です。けれど、ここで大事なことは相手を慮《おもんぱか》ることです。お経の中に、自分が悪い気を放っていることに気づかないでいることが悪だと説いた一節があります。悪い気とは、不安、憂い、心配、怒りなど。表に出さなくともそういう感情を持っただけで、なんとなく相手に伝わり、場の空気が変わることがあります。急な雨が降り出して、傘を持たずにいらした客人が、傘の心配をし始めると、心も上の空になり、一座建立の場が乱れることになりかねません。相手の心配を取り除くという配慮ができるようになりたいものです。

「相客に心せよ」

相客とは、その場の席を共にする方たちのことです。茶道では、お客様の座る席に順番があります。上座から正客、次客、三客と続きます。日常やビジネスの場面でも上座下座があり、本来、誰でもどこでも座って良いというものではないのですが、そういう感覚も薄れてきているようです。茶道では厳しく順番が決まっていて、お茶会の席では正客だけが亭主とお話ができます。次客以下の客は私語を慎み、内側で時を味わいます。形式上、順番が決まっていても、ご縁あってその場に居合わせた者同士、みなが同列。調和の取れた場を作り、等しく思いやりを持って接することを説いています。

この7つの心得を普段から大切にできれば、あなたもおもてなしの達人ですね。

クリーミーなお茶の点《た》て方

❶お茶碗は温めておきます。
お湯を捨てて綺麗に水分を拭きます。

茶杓2杯（ティースプーン1杯）の抹茶を茶漉しで漉しながら茶碗に入れます。

約60cc（好みの濃さで量を調整）のお湯（80度前後）を注ぎます。

茶筅《ちゃせん》で抹茶とお湯を馴染ませます。
❷馴染んだら縦に〝I〟の字を描くように茶筅を振ります。
手首のスナップを利かせて素早くシャカシャカと。

時間は10～15秒で。それ以上長く振ると苦味が出てきます。

泡だったら茶筅を浮かせて今度は〝M〟の字を描くように泡をならします。

大きな泡が消えて小さな泡になったら“の”の字を描いて真ん中から真っ直ぐ茶筅を上げます。
❸そうすると、真ん中の泡が少し立って、クリーミーなお抹茶の出来上がり。
お好みのお菓子を召し上がったあとのお抹茶は格段に美味しくいただけます。

❶

❷
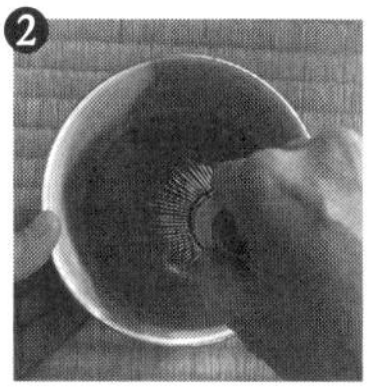
❸

結界と領域

茶道のお稽古では、必ず持参するものがいくつかあります。一つは帛紗《ふくさ》。茶道具を清めるもので、正絹の約30センチ四方の柔らかい布です。女性は朱色や赤、男性は紫を使うのが一般的です。次に古帛紗《こぶくさ》です。こちらは帛紗よりも小さく、10センチ四方くらいでしょうか。帛紗は無地の布が使われることが主流ですが、古帛紗には伝統的な図柄が施された裂地《きれじ》が使われていて、お茶碗など、大事な道具を置いたりする時に使います。次に懐紙《かいし》。お菓子を載せたり、汚れた手を拭いたりするのに使います。懐紙の間には菓子切りを忍ばせておきます。菓子切りは、お菓子をいただく時に切るための金属製の道具です。平べったい楊枝をイメージしてみてください。

そして、扇子《せんす》。茶道で使う扇子は、暑さを和らげるために扇ぐものではありません。先生にお月謝などお渡しする時に、広げた扇子の上に封筒を載せますが、一番頻繁に使うのは、ご挨拶をする時です。扇子を閉じたまま、自分の膝前に置き、扇子の手前に両手をついてご挨拶をします。

結界には、花を挿せるようなものや、桐の板に細工したもの、細い煤竹の竹細工などがありますが、こちらは白竹のシンプルなもの。

この時扇子は実は結界を作る役目をします。つまり、見えない領域を作ることになります。

日本語は、主語がなくても通じる言語です。欧米の言葉にも主語がなくても通じる言葉がありますが、それは主語によって動詞の形が変わるため、動詞で主語が判断できるからです。ところが日本語は、「私」でも「あなた」でも「彼」でも「彼ら」でも「私たち」でも動詞の形は変わりません。欧米の言葉には形容詞も主語によって形が変わるものが多くあるのとは大違いです。

私は10年間ほど外国人に日本語を教える日本語教師をしていた経験があって、日本語の特徴についてよく考えていました。なぜ、日本語を話す人たちは、全ての動作や全ての物事を形容するときも、動詞や形容詞の形が変わらないのだろう。私もあなたも私たちも、花や鳥も同じです。例外があって、それは敬語と、「あげる」「くれる」「もらう」という授受の動詞で、明確なグループ分けが存在しますが、ここではそこまで話を広げることはしません。

結界に話を戻しましょう。

主語を使って立場や領域を分けるということをしない日本人ですが、神社に行けば鳥居を潜る時に頭を下げ、自分の家であっても床の間には足を踏み入れず、山歩きの途中で祠があれば手を合わせるということを自然に行なってきました。これは、空間というところに、日本人の意識があるということを示します。日本人は、空間の中に神聖な領域を作り、相手の領域も自分の領域も尊重するということを代々受け継いできたのではないでしょうか。

逆にいえば、見えない領域をわきまえているからこそ、言葉で自分と他者を分ける必要がなく、だから日本語には主語が必要ないのかもしれません。

面白いのは、見えない領域ですが、目印はあるということです。それが結界です。茶道では、常に扇子を身につけて、場面に合わせてすぐに結界が作れるようになっています。扇子一つで「どこでも結界」です。

もう一つ、まさに「結界」という名前の竹や木で作った低くて小さな衝立のようなものがあります。畳一畳の横の幅と同じ寸法で、高さは10センチほどのものが多いです。八畳間など広めの和室で六畳や四畳半の茶室を見立てる時に使います。つまり、この結界を置くだけで、神聖な茶室が出来上がるというわけです。

今は、洋風住宅に住んでいる方が多いと思います。それでも、玄関や部屋に花を飾ったり、置物を置いたりすることで、そこだけは生活感がなくなって、何か気持ちが清らかになるような感覚を持つことがあります。無意識のうちに結界を張って家の中に神聖な領域を作っているのかもしれませんね。

ぜひ、茶道の結界の張り方を参考にして、意識的に場面に応じて自由に神聖な領域を作ってみてください。また、外へ出た時も、密かに張られた結界を見つけてみるのも面白いかもしれません。

茶道とマインドフルネス

日本における茶道の歴史は、禅宗に始まります。そもそもお茶は遣唐使によって大陸から日本にその種子がもたらされたといわれています。遣唐使には多くの僧侶がおり、その僧侶が仏教と共に大陸での薬としてのお茶を日本に伝えました。原始仏教からいくつかの宗派に分かれていった仏教ですが、中でも禅宗は仏陀が至ったという悟りの境地を体現するためにひたすら坐禅をするというもので、自身の修行を中心においています。

当初、坐禅をするにあたって、お茶は眠気覚ましとして用いられていましたが、茶の湯を哲学的に捉え美の精神を形作った村田珠光《じゅこう》が、禅の哲学をお茶に取り入れました。それに続く武野《たけ》紹鴎《のじょうおう》、そして侘び茶を完成させた千利休も、禅宗であり、茶道と禅がより深く結びついていきました。

ストレスフルな現代社会で、欧米から逆輸入されたマインドフルネスというものも、禅の考え方を取り入れたものですが、さて、マインドフルネスとは一体なんなのでしょうか。

私たちの脳は、過去を反芻し、それが無意識の中で思考の癖になり、過去に紐づいて未来への不安を感じてしまいます。仏教でも、「四苦八苦」といって、生きていると必ず訪れる苦しみが私たちを苦悩に陥れると説いています。そして、「苦集滅道《くじゅうめつどう》」といって、苦には必ず原因があり、その原因がわかって取り除くことができれば苦は滅していくとも説かれています。

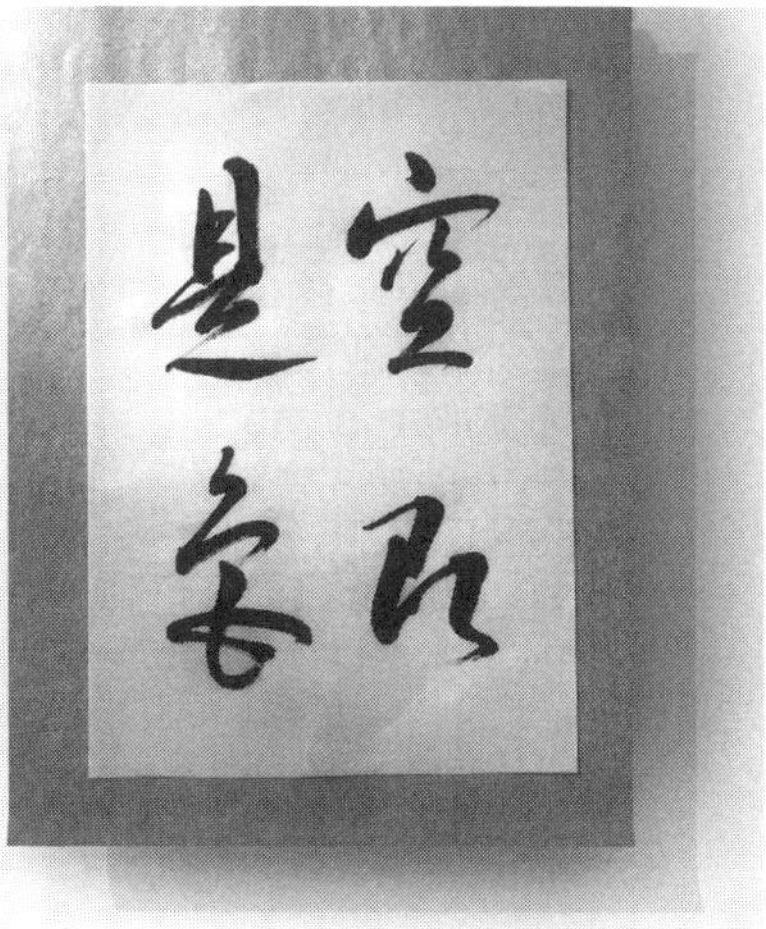

「空（くう）は実体がないが、色（しき）＝形あるものと一体であり、すべては変化しながら存在する」という仏教の教え。

苦の原因を取り除く方法が、「八正道《はっしょうどう》」ですが、これは八つの日常で実践すべき修行方法のことをいいます。この修行方法の中に、日常の中で常にマインドフルであることが含まれています。

私たちは習慣に深く依存していて、日々の行動はもちろん、思考も偏った習慣に自動的に引きずられていってしまいます。つまり、今ここに関係のない思考で頭の中がいっぱいになっていて、結果、本来やるべきことが正確にできないということが起こってしまいます。同時に、冒頭でもお話しした、脳内で自動的に過去の反芻をすることで、未来への不安を感じて正しい行動ができなくなるということも起こります。

そこで、常に、今ここに集中し、知らぬ間についてしまった悪しき習慣を手放し、新しく良き習慣を身につけるための練習が、マインドフルネスです。

茶道では、ひとつひとつのお点前に型があり、歩き方、姿勢、身体の使い方、手の指先まで神経を尖らせ、今ここに精神が集中していないと、型が崩れてしまいます。型が崩れることで、うっかりお湯をこぼしたり、手を滑らせたりして、お客様の前で失態を表し、場を汚してしまいかねません。

かといって、過度に集中することで緊張感が走り、それがお客様に伝わっても、穏やかな一期一会の時間を過ごすことができません。

自我を離れ、全ての囚われから解放され、今ここに、ただ在るという状態が、禅の精神そのもので、そこに到達するお茶を点てるために日々稽古に精進するわけです。

お茶碗の重みを感じる。お湯を注ぐ音を聞く。竹でできた茶杓や茶筅は吹けば飛ぶような軽さですが、それでも重みはあります。軽いものほど重さを感じて扱うよう、茶道では教えられます。結果、慎重に丁寧に扱うことができます。逆に、重いものほどお客様に重さを感じさせないように扱うように教えられます。そうすることで、慎重になり、重いものを安全に移動させることができます。

手にするものに集中していると、個性あるお茶碗の手触り、高台の形、色など、前回手にした時には気づかなかったことに新たに気づくことがあります。一瞬一瞬に気づきがあれば、意識が途切れることなく、全てが生き生きとしてきます。退屈や怠惰とは真逆です。

「今ここに在る」を体現するのは亭主だけではありません。客も然りです。畳をすり足で歩く音、着物の衣擦れの音、炭が弾ける音、竹の茶筅が茶碗にコツンと当たる音、茶室で繰り広げられるあらゆる音に耳を澄まします。水の音とお湯の音ではその音色が違うことにも気づきます。釜の蓋を開けた時に立ち上る湯気、釜の底から垣間見える赤々とした炭の火、わずかに薫る香、鼻先で広がる抹茶の香り。二度とない一瞬一瞬に五感を震わせ、今ここにダイブする時、ただ湧き上がるのはじんわりとした幸福感だけです。

侘《わ》び寂《さ》び

スティーブ・ジョブズによって禅（Zen）の精神が世界的に広がり、一気にマインドフルネスや瞑想がビジネス研修にも取り入れられるようになりました。ジョブズはこれまでのマーケティングの常識から外れて、自分の中に深く入り、自分が本当に望むものを追求した結果、多くの人を魅了する製品を生み出すことができました。斬新でシンプルなデザインは、余計なものを削ぎ落とすという引き算の禅の精神から生まれたといわれています。

今や世界の大富豪となったイーロン・マスクも、自身が買収したツイッター（現『X』）でしきりに日本贔屓《びいき》の呟きをしていますが、ついに「侘び寂び」と日本語で投稿するにいたったのを見て流石に驚いた方も多いのではないでしょうか。今後、財界だけではなく政界にまで影響力を伸ばしていくであろうイーロン・マスクに「侘び寂び」がどう理解されているのかは興味があります。

仕掛け人としての利休さんの項で侘び茶について触れましたが、侘び寂びとは、完成された美し

お茶室に入る前の路地を囲む竹垣は空間を仕切り、俗世と茶の世界を分ける役割を持ちます。朽ちかけた竹が侘び寂びの美意識に合います。

さや豪華絢爛な美しさとは違って、不完全で、未完成で、質素で、素朴なものにこそ美しさを感じる美意識のことをいいます。

ベルサイユ宮殿のような華やかで左右対称の完璧な美が西洋の美意識を表すとしたら、苔むしたお庭に枯葉が足元を彩り、古びた茅葺《かやぶ》きの屋根の日本家屋に美しさを見出すのが日本の美意識である侘び寂びです。

そもそも、私たち命あるものは必ず老いて命を全うしていきます。永遠の若さも永遠の命もありません。諸行無常、有為転変《ういてんぺん》、千変万化《せんぺんばんか》、万物流転《ばんぶつるてん》。ひと時として同じものはなく、全てが移り変わっていくのがこの世の常であり、自然の法則です。経年が進み、移りゆくその姿にこそ美しさを感じる侘び寂びの美意識が今の日本人にどれだけ残っているでしょうか。

　まっさらな規格の揃った美しさだけを美と感じるよりも、不揃いで、時を重ねて個性が際立つ姿を美しいと感じる心が日本人の多様性への受容力となっていましたが、近年は西洋的な美の価値観が横行して何やら画一的な社会に息苦しさを感じるのは私だけでしょうか。

　そこへきて、ジョブズから始まって、イーロン・マスクなどの世界的に影響力のある西洋人の方が侘び寂びに注目しているというのは何やら皮肉です。

　幸運にもお茶の世界では侘び寂びの美意識が受け継がれています。もちろん、日常の中にも侘び寂びを見つけてじんわりとした美しさに浸ることも難しいことではありません。

　欠けたお茶碗をすぐに捨てるのではなく、欠けさえも利用して美に変える金継ぎが生まれたのも日本独自の文化ですね。あなたの周りでも、不完全で不足なものに見出す美を見つけてみてはいかがでしょうか。

第四章

頭を柔らかくする書道

書

高度成長期には日本の書道人口は１０００万人以上だったといわれていて、私が子どもの頃に通った書道教室も大勢の生徒で賑わっていました。学校教育でも習字の時間は必須で、誰もが一度は筆を握ったことがあるという時代でした。けれど、バブル経済以降はいわゆるゆとり教育の影響もあり、教育現場では書道の時間が激減、家庭教育でも、習い事よりも学力重視で塾に通う子どもが増え、書道人口は半減しました。

読み書き算盤といった日本独自の教養や基礎学力を身につける習い事よりも、受験社会の中では、数字で優劣が測れる西洋式の教科書に則った教育に価値が置かれるようになりました。結果、どうでしょう。今の政治家が時おり所信などを筆で書いたものが披露されますが、どなたも惨憺たる文字を書かれていて、目を覆いたくなります。

明治生まれの祖母は女学校までしか出ていませんでしたが、祖母からくる手紙や荷物の送り状はいつも達筆な筆で書かれていたことを覚えています。それだけ、日本の文字に対する教育水準は高かったのでしょう。

ここでは、そんなボヤキはちょっと横に置いて、一般的にはあまり身近ではなくなってしまった書道を身近に感じていただけるようなお話をしていきたいと思います。

お習字と書道の違い

私が「書道家です」と自己紹介すると、「小学生の頃にお習字を習っていました」という会話に広がることがよくあります。冬休みの宿題で書き初めを書いた記憶のある方も多いはずです。「書道」というよりも「お習字」という方が馴染みがあるかもしれません。

面白いもので、この「お習字」と「書道」、なんとなく使い分けていても、その違いはよくわからないという方が多いはずです。筆と墨を使って和紙に文字を書くという意味では、どちらも同じです。では何が違うのか。簡単にいえば目的です。

「お習字」は書いて字の如く、字を習うもので、書き順を覚えたり、美しい字の書き方を学んだり、書の基本の「止め、はね、払い」を鍛錬したりするのが目的です。冒頭に触れた、教養や品格を身につけるものといえます。一方で、「書道」は書の道と書きます。

書の道とは何でしょう。「道」とは在り方です。「お習字」には明確に技術的なものを習得するという目的がありますが、「書道」には目的はなく、日常の中で「書」と共にあること、ただそれだけなのではないかと思っています。

思い思いに書いた書を簡易掛け軸に入れて。自分で書くからこそ、文字が生きて暮らしの中で気づきが生まれます。

究極のところ、書道に上手い下手はありません。書道が人を感動させる芸術となった時、そこには書道家の生き様や在り様が表現されています。もちろん、鍛錬の跡がその芸術性を高めます。

書道はある意味、音楽やダンスやスポーツと似ています。段階があるという意味です。アマチュアでも十分に楽しめるし、基礎から積み上げ、本人の努力次第で技術を上げていくことができます。技術が上がれば、表現したもので人を感動させることもできます。日頃の鍛錬の成果が一発勝負の表現に繋がるのです。

書道は、本番のある舞台であり、競技場でもあります。本番で最大限の力を発揮するために、日頃から、臨書といって歴代の書の大家の作品をお手本にして学ぶことをします。音楽でいえば、基礎練習や自分の好きな音楽家の演奏を聞いて模倣することだったり、スポーツでいえば、基礎体力をつけつつ、憧れの選手のトレーニング方法を真似したり。その努力の積み重ねをすることがすなわち「道」だといえます。

私は、世界でただ一人、ノーブレスでソプラノとテノールを歌い分けるオペラ歌手マリア・セレンを団長とするモンドパラレッッロ歌劇団の団員の皆さんに書道を指導させていただいています。なぜオペラと書道なのかと思われるかもしれませんね。

モンドパラレッッロ歌劇団は、オペラ劇団ではありますが、文化庁の助成のもとマイノリティをテーマにしたオリジナルオペラを能楽堂とコラボして公演を重ねている劇団で、世界的なファッションデザイナーのコシノジュンコさんも応援者のお一人です。和と洋の融合の中で繰り広げられる全く新しい様式の音楽劇で、花魁オペラでは艶やかな衣装で登場する花魁道中に釘付けになります。モンドパラレッッロの皆さんは、オペラ歌手や俳優さんでありながら、能楽や日本舞踊、書道を学ぶことで、オペラと日本の伝統文化の融合を成功させているのです。

書道の稽古を続ける中で、役になり切って俳句や和歌を詠み、それを書で表現し、扇子を作るというプロジェクトも立ち上がりました。劇団の皆さんは表現者ですので、書道を指導していても、感性で汲み取るのがお上手です。呼吸と筆運び、白と黒の空間デザインなど、お伝えすることの飲み込みが早いのです。演劇と書道に通ずるものがあることを確信しました。

私が書道を教える時は、どなたであれ、お一人おひとりが表現者であるという前提で接しています。その時に思い浮かんだ言葉や漢字などを練習したら、必ず作品としてとっておきの一枚をお持ち帰りいただき、お家の日頃目につくところに飾ってくださいとお伝えしています。

筆と墨と紙があれば、誰でもアーティストになれるのが書道です。そこには囚われのない自由があります。

ぜひ、月の初めに今月はこんな言葉を大事に暮らしたいなと思う言葉を選んで筆で書いてみてください。リビングなど、よく目につくところに貼っておけば、暮らしを紡ぎながら無意識のうちにその言葉が目に入ります。振り返ってみたら、その言葉とご縁のある展開があったり、その言葉に助けられたりするというようなことが、私の生徒さんたちの間にも不思議と起こっていました。

ぜひ、試していただきたい書の日常への取り入れ方です。

西洋の筆記用具と東洋の筆記用具の違い

西洋の筆記用具の始まりといえば、羽根ペンを思い浮かべるのではないでしょうか。ベートーベンが使っていたような羽根の根元を尖らせたものにインクをつけて、カリカリと音を立てて書くイメージのもの。それが木の軸にペン先を刺して使うようなペンになり、インクを内蔵できるように進化したのが万年筆ですね。

一方で、中国では今から4000年ほど前にはすでに筆が使われていたといわれています。現存する最も古い筆は楚《そ》の時代（~前223年）の遺跡から発掘された兎の毛でできたものです。形状を比べるとよくわかりますが、ペンと筆は大きく違いがあります。西洋のペンは先が尖っていて、文字を書く時に紙を削るような音がします。一方の東洋の筆は毛先が柔らかく、達人ともなれば紙の上を筆先が踊っているかのように滑らかに動きます。

昔から、「ペンは人を殺す」という言葉があります。文章で人を貶めることができるという意味

筆の毛は山羊、イタチ、タヌキ、馬などの毛を利用します。中でも羊毛という山羊の毛は柔らかく弾力もあり、書道家が好んで使います。

ですが、形状から見ても、ペンは人を傷つけることができますね。尖ったペン先は実際に凶器にもなりえます。

ところが東洋の筆はどうでしょう。傷つけるどころか、ほっぺたを筆で撫でられると心地よさを感じます。

私たちも筆のような柔軟さをお手本にしたいものです。

もしも心が硬くなっているなと感じた時は、筆で文字を書いてみてください。その優しいタッチに心が緩むのではないでしょうか。

知って得する漢字の成り立ち

2018年の夏にルーマニア・アメリカン大学で "The Transition of Kanji and the Development of Writing in Japan"（漢字の成り立ちと日本での文字の発展）というテーマでの講義と、書道のデモンストレーションをする機会がありました。そのきっかけになったのは、懇意にしていた武道家の初見良昭先生の道場で、あるルーマニア人の武道家と出会ったことでした。

初見先生のお誕生日のお祝いの席で、私が「君が代」の歌を書でデモンストレーションしたのを記憶していた彼が、その半年後に道場で私を見かけて、漢字の字体とひらがなの成り立ちについて質問してきました。スラスラと彼の質問に答えたところ、「20年近く日本に通って、いろんな人に文字の質問をしてきたけれど、誰一人きちんと答えられる人はいなかった。ぜひ、もっと詳しく聞きたい」という話になり、彼がルーマニアに帰ったあと、大学と話をして私を招いてくれることになったのです。

書道をやっていれば誰もが知っているような話でしたが、一般の日本人が文字についての知識が

こちらは篆書の拓本（墨と紙を使って石碑に彫った文字を転写したもの）です。さて、あなたは何文字読めますか。

なく、日常で漢字、カタカナ、ひらがなをなんとなく使い分けているということがよくわかるエピソードです。

この本を読んだあなたは、もう今日から文字のルーツを人に伝えることができますよ。

漢字が中国大陸から伝わってきたことは当然の常識となっています。では、大陸で漢字はどのように生まれたのでしょうか。原初の文字は、甲骨文字だったといわれています。あなたも、亀の甲羅や動物の骨に鋭利な筆記用具で削ったものをご覧になったことがあるのではないでしょうか。とても原始的な感じがしますが、実は甲骨文字と同時代である殷《いん》の時代には金文といって、青銅器に鋳込まれた文字も存在していました。金文は、角が丸みを帯びていて、すでに筆が使用されていたことがわかります。

この金文、天安門事件の翌年に北京の青銅器の博物館で初めて本物を目にしたのですが、字が踊っているようで、古代の人々の自由な精神性が伝わり、かの時代にタイムスリップしたようになって感動したことを覚えています。

金文の次に現れたのが、現代の日本でも印鑑に使われている篆書《てんしょ》という字体です。秦の始皇帝の時代に国が統一されたのと同じくして文字の統一というのがなされたのは歴史の時間に習いましたね。その文字が篆書です。大陸には様々な民族が存在して、文字も金文からバラバラに発展していきました。それを一つにして国をまとめたというわけです。文字を政治に利用したのです。政治利用された篆書の公的な使用期間は秦が中国を統一したわずか15年だけで、次の前漢の時代には、隷書という字体が公式字体となりました。篆書は始皇帝の栄華と同じく短命ではありましたが、令和の世でも印章として生き残っており、最も息の長い字体であるのは興味深いです。

篆書の次に採用された隷書《れいしょ》も、実は今も日常でよく目にしています。一番身近なところでは、お札の文字です。「日本銀行券」や「壱万円」という文字の書体が隷書です。2024年7月から発行された新紙幣では、アラビア数字が目立ってしまって、荘厳で格式高い隷書の書体の存在感が薄れているのが、少し残念な気がします。

この隷書は筆で書く時には運筆（筆の運び）がゆっくりで、時間がかかるため、崩して書くようになりました。そうしてできたのが草書《そうしょ》です。くずし字や続け文字といった方がわかりやすいかもしれません。いわゆる現代人にとっては「読めない」文字です。

この草書体は、くずし方が人によって違っていたりして読みづらかったので、もう少しくずしを少なくして誰もが読める字体となったのが行書です。こちらは、今も手書き文字ではよく使いますね。

そして、今、標準で使われているのが楷書です。線角を一字一字きっちり書く楷書のバランスには絶対美があります。実はこの楷書が絶対美として洗練され完成されるまでには、長い年月がかかっています。後漢の時代の3世紀頃から使われ始め、初唐の時代から現れ出した能筆家と呼ばれる書の大家たちによって、文字の美の最終形態としての楷書が完成されたのが、7世紀頃の唐の時代だといわれています。

約400年もかかったというわけです。

漢字が大陸から仏教と一緒に日本に伝来されたのが、6世紀といわれています。この漢字の成り立ちのお話は日本に渡ってからのひらがなの成り立ちの話に続きます。

平安時代とひらがな

平安時代といってまず思い浮かぶのはどんなイメージでしょうか。平安貴族による優雅な宮廷文化が栄え、『源氏物語』をはじめとする文学が隆盛した時代として知られているのではないかと思います。

平安時代は、約400年続きましたが、この400年は日本独自の美を形成し、伝統文化・芸術の土台を作ったとても大切な時代です。平安時代前の奈良時代は、遣隋使・遣唐使が盛んに行われ、大陸から漢字や仏教、儒学、律令制、建築、工芸など、様々なものが日本に持ち込まれました。奈良時代はまさに文明開花の時代といって良いでしょう。

しかし、ここで一旦大陸からの情報が遮断されます。約260年続いてきた遣唐使が894年に廃止されたのです。廃止の提言をしたのは菅原道真だといわれており、理由は、唐に渡る航海が危険を伴い、優秀な人材を多額な費用をかけて送っても、日本に帰国するのは1／3であったこと、唐の勢いが衰えてきており、遣唐使事業にかかる労力や経費に見合わなくなったからとされています。

遣唐使が廃止されたからこそ、平安時代にそれまでに入ってきた外国の文化と日本の文化が融合し、日本独自の文化が形成されることになりました。中でも、私たちが今、当たり前のように使っている「ひらがな」は、平安時代に完成され、日本文学の形成に大きな役割を果たしました。

漢字の歴史に続いて、ここではひらがながどうやってできたのかをお話ししましょう。

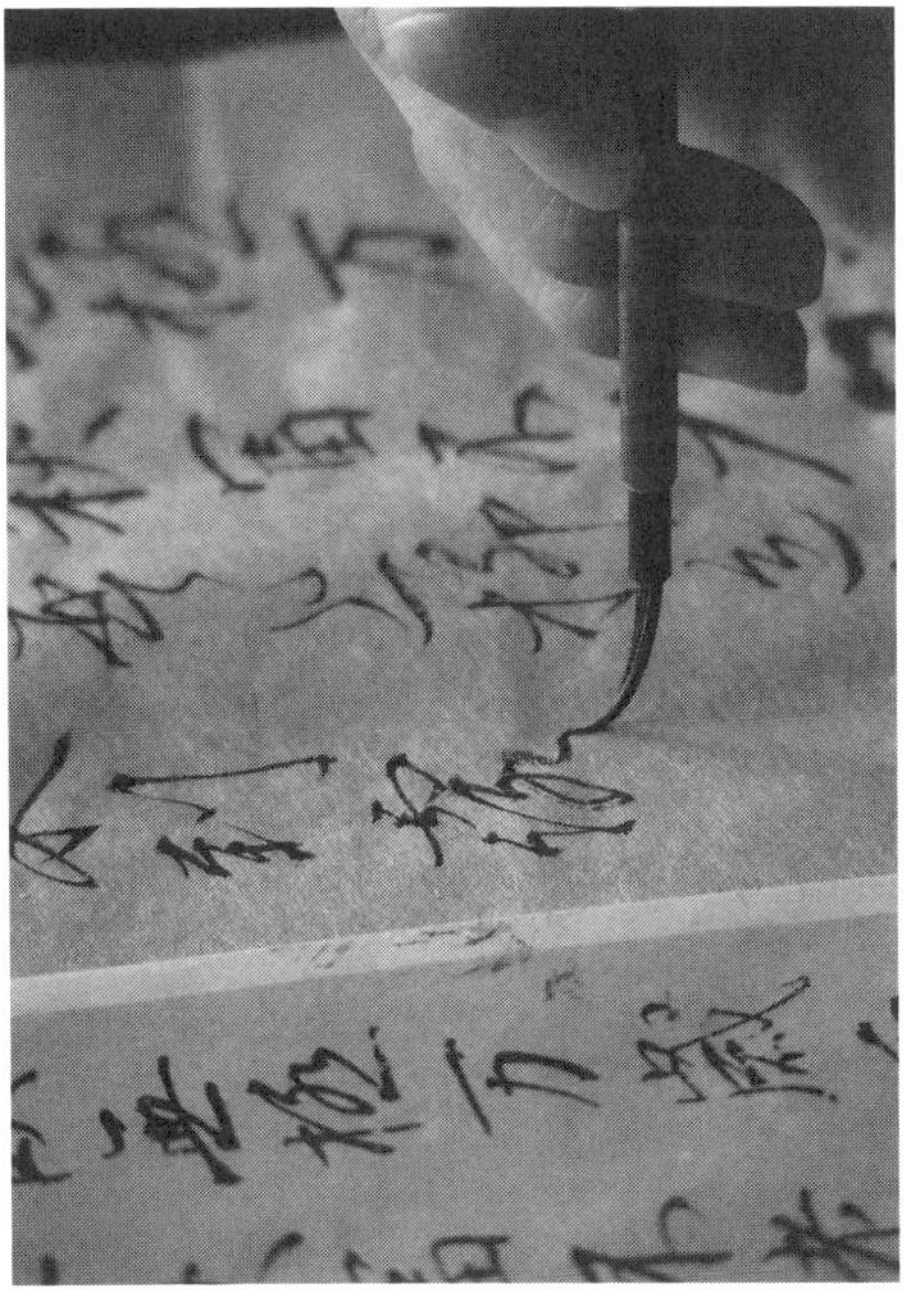

『和漢朗詠集』現在のひらがなになる前の万葉仮名。全て漢字で日本語の音を表します。

漢字は例に漏れず、遣隋使や遣唐使によって、仏教の経典と共に日本にもたらされました。けれど、奈良・飛鳥時代より前に、日本列島にはすでに大陸から人がやってきており、仏教は渡来系の氏族内の私的な信仰として信奉されていたので、もっと前から漢字は日本に伝わっていたこともわかっていますが、ここではそこを深く掘ることはしません。

そもそも漢字は漢文として日

本に伝わってきたことに違いありません。学校でも漢文を習いましたね。漢文には漢語（中国語）で書かれた文章を日本語として読むためにレ点などの返り点や、送り仮名が振られていたことを覚えておられるでしょう。漢文は、日本語文法で上から順に読んでいくことはできません。なぜなら、元は漢語（中国語）だからです。

漢語を日本語として読めるように、古代の人々は漢字から一部を取って、カタカナを作り、送り仮名としたわけです。ですから、今でも外来語にはカタカナを使います。

一方で、漢字の文字、一つ一つの音を採用して、日本語に当てはめたのが「万葉仮名」です。その万葉仮名で書かれたのが、世界に類を見ない歌集『万葉集』です。『万葉集』には約４５００首もの和歌が収められていて、作者は天皇や貴族から防人《さきもり》や農民、遊女に至るまで幅広い階層に及んでいます。階級がはっきりと分かれている他の国の人たちから見ると、貴賤を問わず全ての人々が歌を詠み、それを一つの歌集に収めるなど、到底信じられないことです。

欧米諸国から、「差別をなくそう」などと今更言われても、私たちには、そもそも差別の意識はなく、個性が混ざり合い、違いを認め、協調し合い、調和するのが当たり前の世界観を継承してきているのだということがわかります。

さて、話を文字に戻しましょう。

漢字を日本語の読みに充てて日本語を表記することに使っていた万葉仮名ですが、何せ、漢字は画数も多く、日本語は子音と母音で1音節なので、例えば「雪のいろ」は「由吉能伊呂」となります。まるでひところ流行った暴走族の「夜露死苦」のイメージだといえば、年代がわかってしまいますね。

これでは不便なので、漢字をくずし字（草書）にしていって、滑らかに柔らかく、書きやすくしたのがひらがなです。漢字の成り立ちのところで、草書から始まって約400年かけて漢字の最終美の形態として完成したのが楷書であるとお話ししましたが、楷書から行書、草書となって最終美としてのひらがなが完成したのが平安時代です。


そのひらがなで書かれた最初の文学作品が、紀貫之の『土佐日記』ですね。男性である紀貫之が、女が書いていると仮想して書いたというのはご存じでしょう。ひらがなができたことで、平安の女流文学が花開き、紫式部が世界最古の長編小説『源氏物語』を書いたのはあまりにも有名です。

小説家としては紫式部、随筆家としては清少納言、歌人としては和泉式部。こうして、平安時代の才女が名と優れた文学を残しました。

日常の中の書

　すっかりスマホの文化が定着して、スケジュールもカレンダーアプリで管理したり、メモも、スマホに入れていたりして、手書き文字を書く機会が少なくなってきていることは、実感されていると思います。

　簡単にメールやSNSでやり取りができる時代、手書きでお手紙を出す機会はほとんどなくなってしまっています。年賀状も年々枚数が減っていって、もはや年賀状文化は途絶えてしまいそうになっていますね。今、手書きで手紙を出す人はどれくらい残っているでしょう。

　それでも根強く残っているのが、日常の中で目にする書です。あなたがお酒好きなら、ふと思い浮かぶのは、日本酒や焼酎や国産ウイスキーのラベルでしょう。日本酒好きなら、頭の中にふっと浮かぶ筆文字の銘柄がいくつかあるのではないでしょうか。書体も、北魏《ほくぎ》を思わせる力強い楷書から、柔らかくなめらかな行書、安定感のある隷書、華やかなデザイン書など、様々です。フォントでは決して表現できない演出効果があり、もはや銘柄のブランドそのものとなっているものも多くあります。

最近、モダンな線を狙おうと、ワインのエチケットのような日本酒のラベルも見かけますが、断然、書で表現したものの方がブランド力があります。私も日本酒が好きなので、いつか日本酒のラベルを書ける日が来るのを心待ちにしています。

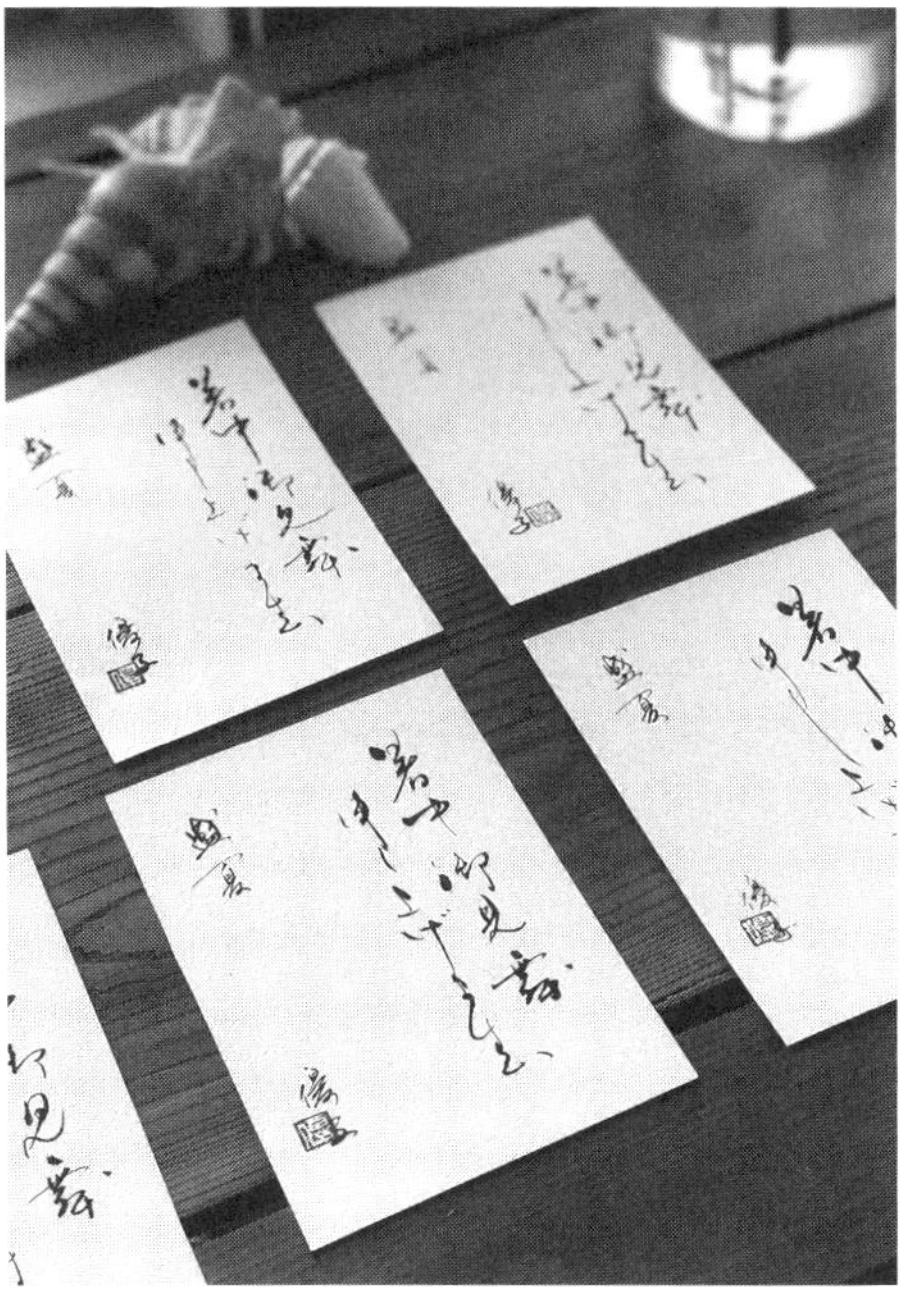

こんなシンプルな暑中見舞いの葉書ですが、お渡しする人の顔を思い浮かべながら書くと優しい時間が流れます。

お酒だけではなく、ペットボトルのお水や、醤油、味醂などの調味料のラベルも、個性的な書が並んでいます。

本や雑誌のタイトルでも見かけますが、活字の文化はフォントが強いようです。街を歩けば、あちらこちらに筆文字の個性あふれる看板にも出くわします。

他にはポスターの題字や、テレビドラマ、映画のタイトルなどは、書で書かれたものがやはりインパクトがあります。

前述のモンドパラレッロ歌劇団のポスターの題字は私が書かせていただいていて、口絵のページでカラーでご紹介しています。

実は探せば身近なところで、私たちは毎日のように書を目にしているのですが、それが何か、お気づきでしょうか。

一つは、新聞です。新聞の1面の右上に新聞の名前が書かれてありますが、ほとんどの新聞社は、筆文字を採用していますね。やはり筆文字は格式が高く、読者への信憑性や記事の信頼性を上げる役目があるのではと推測します。

格式の高さといえば、お札です。一万円札を出してみてください。「日本銀行券　壱万円　日本銀行」と、格式高い隷書で書かれてあります。日本銀行は、国営でも、政府機関でもなく、認可法人という位置付けであるにもかかわらず、何やら特別な威厳を感じるのは、お札に印刷された隷書の文字が一役買っているのかもしれません。

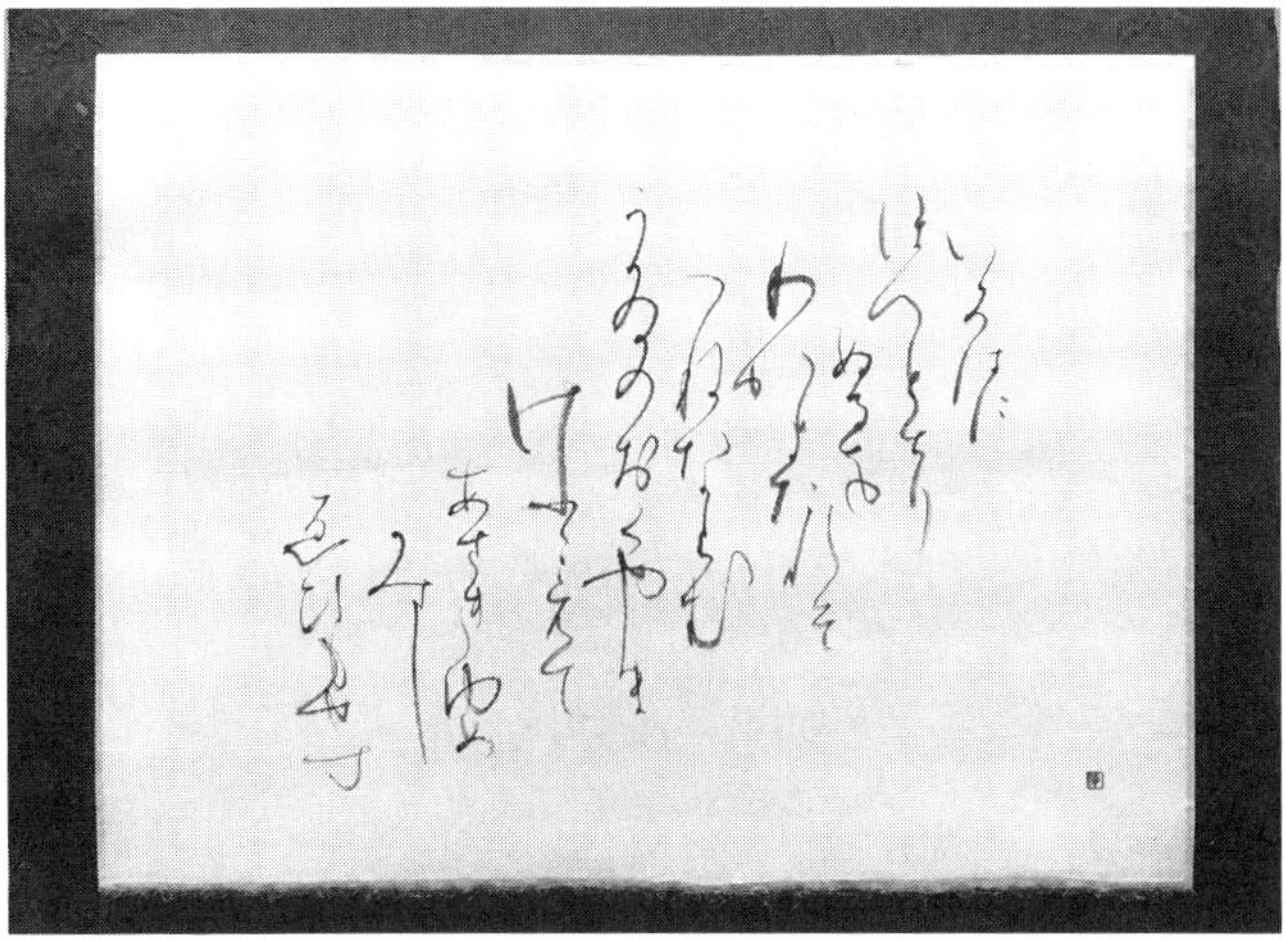

裂地の代わりにハタノワタルさんの染め紙を使って表装した「いろはうた」の掛け軸。古民家再生の素敵な宿、鎌倉古今で使われています。

よく観察すると筆文字は暮らしの中に溢れています。昭和の家に床の間があった時代は、筆文字の掛け軸が掛けられていたものです。玄関には額装になった書作品が飾られていたりもしました。家に書を飾るという習慣もなくなりつつありますが、モダンな軸装にすれば、洋風の内装にも書は調和します。

積極的に筆文字を暮らしに取り入れると、インテリアのアクセントにもなるのではないでしょうか。

目習い

私が書道を指導する時は、「目習い」というのを大事にしています。表現の前に、まずはインプットが必要です。私の先生から教わったことですが、書というのは書いてあるところだけを見るのではなく、書いていないところも見ます。お手本をお渡しした時に、「書いてないところを見てください」とお伝えすると、大抵はキョトンとされます。書道を習うのに、なぜ書いてないところを見るのか。この先生は大丈夫かと思われるかもしれませんね。

日本の絵画と西洋の絵画を比べてみると、その疑問が解けるかもしれません。例えば、レオナルド・ダ・ヴィンチの『モナリザ』と菱川師宣の『見返り美人』を比べてみましょう。モナリザのバックにはしっかりと背景が描かれていますが、見返り美人はなんの背景もありません。『モネの庭　アイリス』はびっしりと紫のグラデーションが鮮やかなアヤメが描かれていますが、尾形光琳の『燕子花《かきつばた》図屏風《ずびょうぶ》』は金屏風に一色の燕子花が浮かんでいます。

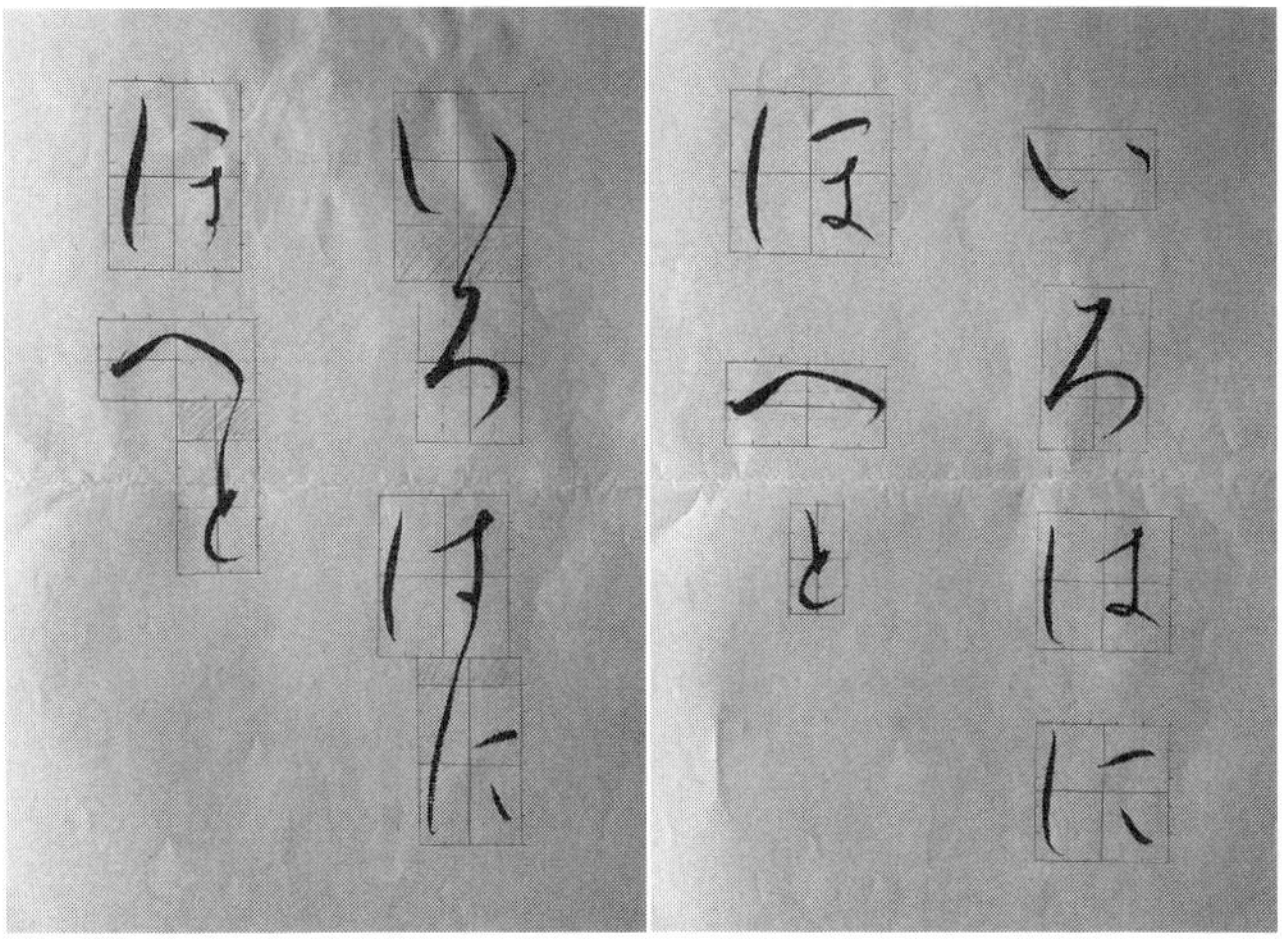

生徒さんの目習い。正解不正解はなく、自分の気づきを促しています。普段見ているようで見ていないことがよくわかる体験です。

見返り美人も、燕子花図屛風も、書道の作品に通じると思うのは私だけではないはずです。もちろん、主役は絵なのですが、何も描いていないところがあるからこそ、鑑賞者の想像が掻き立てられ、幻想的な世界に引き込まれていきます。

書も同じで、白と黒しかないからこそ、白の存在が作品そのものを引き立てます。

書道では、書いてないところを「明るい」と表現します。例えば、先生に書いたものを添削していただく時、「明るさがあって良いね」と褒めてもらえます。そんな風に習ってきたので、私も、生徒さんには「明るさが出ていて良いですね」と褒めます。するとやはり、キョトンとされます。

そこで、「目習い」をお伝えします。文字の形を見て、どこに中心があるか、マス目を書いて、どういう分量になっているかなど、鉛筆で書いていきます。まずは、書いてあるところを分析していくのです。その後に、空間を見ていきます。丸い空間なのか、三角の空間なのか、長方形の空間なのか。

前ページの写真は実際の生徒さんがお手本をじっくり観察して目習いしたものです。目習いすることで、一文字ずつひらがなを書いた時と、連綿といって二文字以上を連らねて書いた時では構成や文字のバランスの配分が違っていることに気づきます。

これが素早くできるようになると、ただ目で見ただけで、全体像を掴むことができ、鍛錬が進むと、白い紙を前にして、自然と構図が取れた書が書けるようになっていきます。お習字の経験があれば、四文字の言葉を半紙に書く時に、四つ折りにしてから書いた覚えはないですか。そして、先生は、折らなくとも、バランスよく白い紙に四文字を書かれていたのではないでしょうか。

目習いをすることによって、こうした感覚が身についていきます。

まずはじっくり見て観察する。見ただけでは自分の先入観や思い込みが邪魔して、ありのままを見ていない可能性もあります。自分に都合のいいように物事を見るのが私たち人間の癖です。ありのままを見る。これが意外に難しく、できていないことを発見するでしょう。そうすると、日々の生活の中でも同じようなことが起こっていることに気づかされます。「自分は間違っている」、もしくは「自分は知らない」という前提を持って、純真な心で目習いする習慣を日頃から身につけたいものです。

禅とフランスでの展覧会

ある年、在フランス・リヨン日本領事館が主催した天皇誕生日レセプションがあり、茶道のデモンストレーションのお手伝いで、私も参加しました。会場で知り合ったのが、フランスの伝統的な紙漉《す》き職人の当時30代のご夫婦でした。リヨンから北東へ40キロほど行ったところにペルージュという村があります。彼らはその村の住民でした。

私が書道家だというのを聞きつけて、自分たちが作る紙を見に来てほしいと言って話しかけてきてくれたのです。日本の書道家の人に、自分たちの紙を使ってもらいたいと、とても熱心に話をしてくれました。ちょうど時間もあったので、すぐに彼らの住むペルージュ村に行くことに決めました。

ペルージュは、「フランスの美しい村百選」にも選ばれていて、15世紀に建てられた石の建築が立ち並び、中にいると中世にタイムスリップしたかのような錯覚に陥ります。彼らの工房兼自宅も、

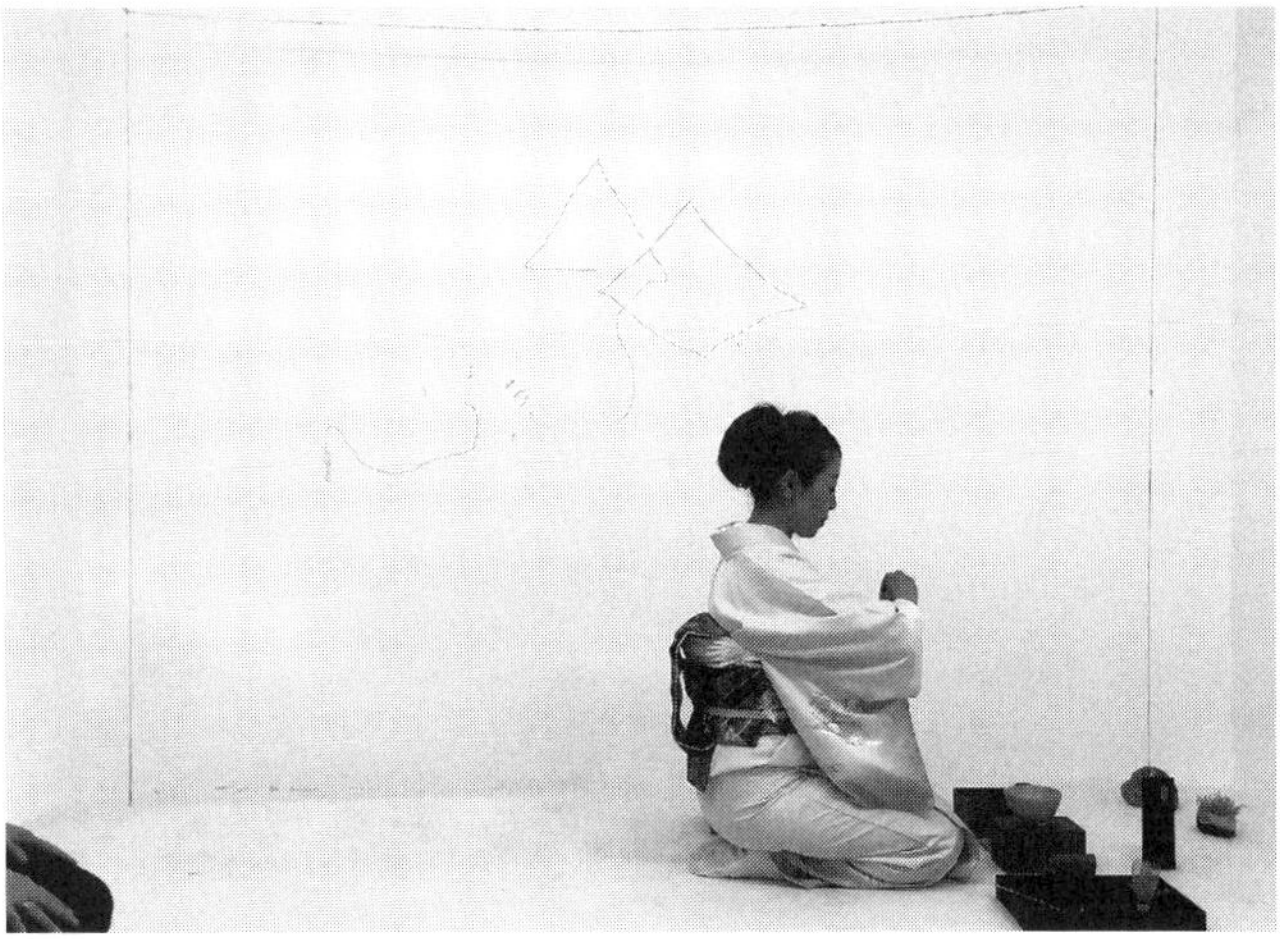

次ページで紹介する、和紙を撚ったこよりで作った世界で一番シンプルな茶室「こより庵」でお茶のお点前をしているところ。

古い石の建築物の中を現代風にリノベーションしてありました。

日本に限らず、どこの国でも大量生産大量消費で経済が回っており、伝統工芸の職人さんは減る一方です。彼らによると、フランスの伝統的な紙漉き職人はフランス全土で6人しかおらず、その中で最も若いのがこのご夫婦だという話でした。しかも、ほとんどの職人さんが、水車などを併設したいわゆる観光客目当ての体験工房がメインで、彼らのように手漉きの紙を製造販売することだけで生計を立てているのはフランス広しといえどもこのご夫妻だけだそうです。

日本の和紙がユネスコの世界遺産に登録されたこともあり、彼らにとって日本の手漉き和紙は憧れで、感心するほどよく勉強もされていました。ペルージュに着くと、早速彼らの紙に字を書いてみたり、私が持参した和紙で字を書いてみたり。近所の人たちも集まってきて、みるみるうちにそこは国際交流の場となりました。

この訪問がきっかけで、ペルージュの村の人たちから歓迎され、毎年訪れては心温まる時間を過ごしました。この村には、通称MACと呼ばれる、村営の一軒家ギャラリーがあります。正式名はMaison des Arts Contemporains（現代アートの家）といって、まさに、現代アートの作家によるアート展を開催しています。ペルージュ村の友人たちが推薦してくれて、私もMACでのアート展を主催することになりました。

何せ一軒家なので、一人での開催は心許なく、現代書道家の中村美帆さんと、黒谷《くろたに》和紙《わし》職人でアート作家のハタノワタルさんのお二人に声をかけ、中村美帆さんの現代アート掛け軸の部屋と、ハタノワタルさんの「積み重なったもの」をテーマにした平面作品の部屋を作りました。

そして、私はといえば、ハタノワタルさんの漉いた和紙を16センチメートル幅に細長く切って繋ぎ合わせた3メートルの細長い紙108本に108つの禅語を書き、天井から吊るして、そこがあたかも禅語の森であるかのような展示で表現した「出会い」の間を作りました。禅語の森の先にあるのは、和紙を撚ったこよりで作った、世界で一番シンプルな茶室。その名も「こより庵」です。

禅語が書かれた108枚の細長い和紙は、ハタノワタルさんの手で一枚一枚、彫刻を刻むように立体を意識して天井から吊り下げました。

「禅語の森」と「こより庵」は、ハタノワタルさんに依頼して、イメージ通りに作っていただきました。

煩悩にまみれ、過去に囚われ、いらない想念や凝り固まった価値観に引きずられて生きている私たちですが、禅語はもっと自由であれと教えてくれます。探していたものはすでに足元にあり、必ず春は来ると説き、自然のありのままの美しさを讃えます。執着を捨て、無心であれば、真理に辿り着き、全てのものが喜びに輝くと。

そんな禅語の森を潜り抜けた先の飾り気のない「こより庵」で、ありのままのあなたとありのままの私が、一期一会のお茶を介して出会う。

Rencontre（フランス語で「出会い」）というのがこの一軒家ギャラリーでの私たち3人の展覧会のタイトルでした。

初日には日本でいう県知事や、村長さんもいらっしゃり、「こより庵」でお茶を一服差し上げました。地元のメディアの取材もあり、田舎の村にもかかわらず、期間中300人以上の方が足を運んでくださいました。

白と黒で表現された紙と墨の世界は、多くの余白があって、引き算のアートは、フランスの方たちに限りなく本来の自分の在り様を気づかせるものになったのではと思います。

ミニマリストという言葉とともに、「持たない」生き方を選択することが注目されていますが、「持たない」ことで生まれる余白を生活に取り入れるのは、日本文化そのものを体現しているといえるのかもしれません。

一軒家ギャラリーの中の「禅語の森」の中で何を思っているのでしょう。

「禅語の森」の先にある「こより庵」でお茶を点てる様子。普通は木の茶箱を使いますが、ここではハタノワタルさんの和紙の箱を使って。

無心で墨を擦る

私が書道教室や書道のワークショップでむしろ大事にしていることは、筆法（筆づかい）やきれいな字を書くということに限っていません。無心であることを意識的に行う時間にしています。筆というのは、とても優秀な道具です。生まれて一度も切ったことのない動物のバージンヘアを使って綺麗な円錐型に整えられているおかげで、紙と垂直に筆を持って線を書けば、必ず持ち上げた時に筆先が戻ります。また、垂直に持つことで、自由自在に筆を360度活用することができます。

手首や指を使って、小手先でどうにかしてやろうと思う気持ちを捨てて、手首も指も決して動かさず、腕を自在に使ってあげれば、腕から遠いところにある筆という道具がその特性を生かしてきちんと仕事をしてくれるのです。

筆に野心はありません。

大きな硯でたっぷり墨を擦る時も、無心で五感だけに集中していると、あっという間に濃い墨が擦り上がります。

墨を擦る時も同じです。生徒さんや参加者の方に墨を擦ってもらうと、早く濃くしたいという野心が働いて、闇雲に力を入れて擦るのですが、一向に濃くならないという現象が起こります。紙の上で試さなくても、硯の上の墨の状態を見れば、一目でわかります。

そこで、私が交代して墨を擦るとあら不思議。瞬く間に墨が濃くなります。

私と生徒さんの違いは、無心か野心か。私には、「墨を濃くしよう」という意図はありません。ただ、硯にポタポタと落とす水があることを認識し、墨が硯と擦れる音を聞き、左回りに丸く丸く回転する動作を繰り返すだけです。その動作をしていると、手にも摩擦の感触が伝わってきます。ただそれを感じる。

なぜ左回りかといえば、ペットボトルの蓋を開ける時と同じく、左回りには開放のエネルギーが働きます。墨は固形のものが水を介して液体へと開放されていくというイメージを持ちながら擦ると、自然の法則のままに、力を入れずとも墨が下りていくというわけです。

墨を擦っている間は、目でも確認します。ある瞬間に、硯の上に垂らされた水が硯の色を通さない別の色に変化します。それとほぼ同時に、なんともいえない墨の香りが匂い立ちます。

墨を擦るのは、筆で書くためにふさわしい色の墨を作ることが目的ではありますが、一瞬一瞬の動作の中で変化するさまを体感できるものとしてその行為を捉えています。無心で五感を全開にしていると、次に必要なことがただ起こってくるのです。

科学的な根拠はどこにもありませんが、法爾自然《ほうにじねん》とはまさにこのことです。自然界の当たり前のことを忘れている日常の中で、無心で墨を擦ってみる機会を作ってみてはいかがでしょうか。

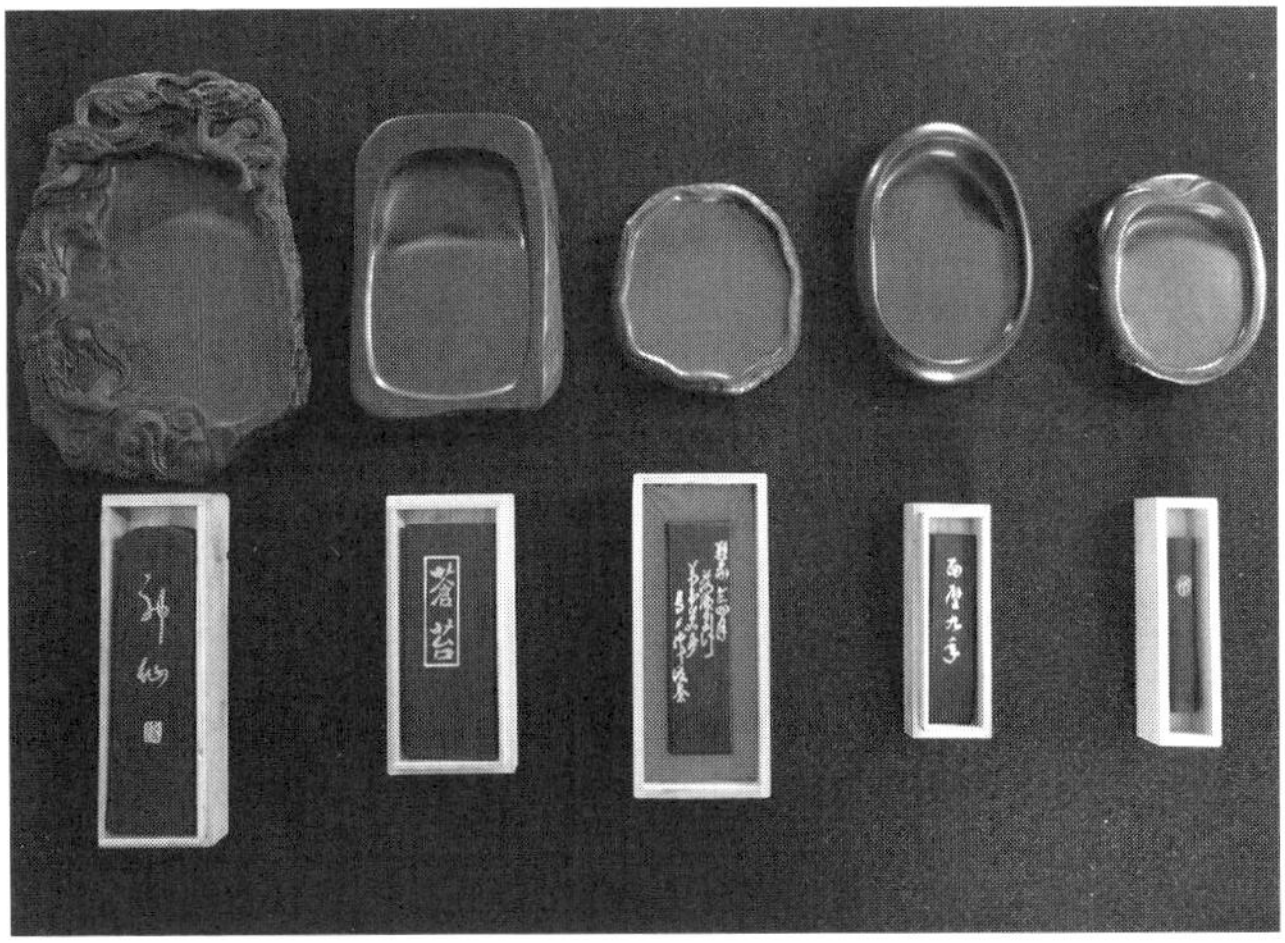

大小形も様々な硯。用途によって使い分けます。墨は新品よりも経年したものが良いとされるので、買った時のまま保存して古いものから使います。

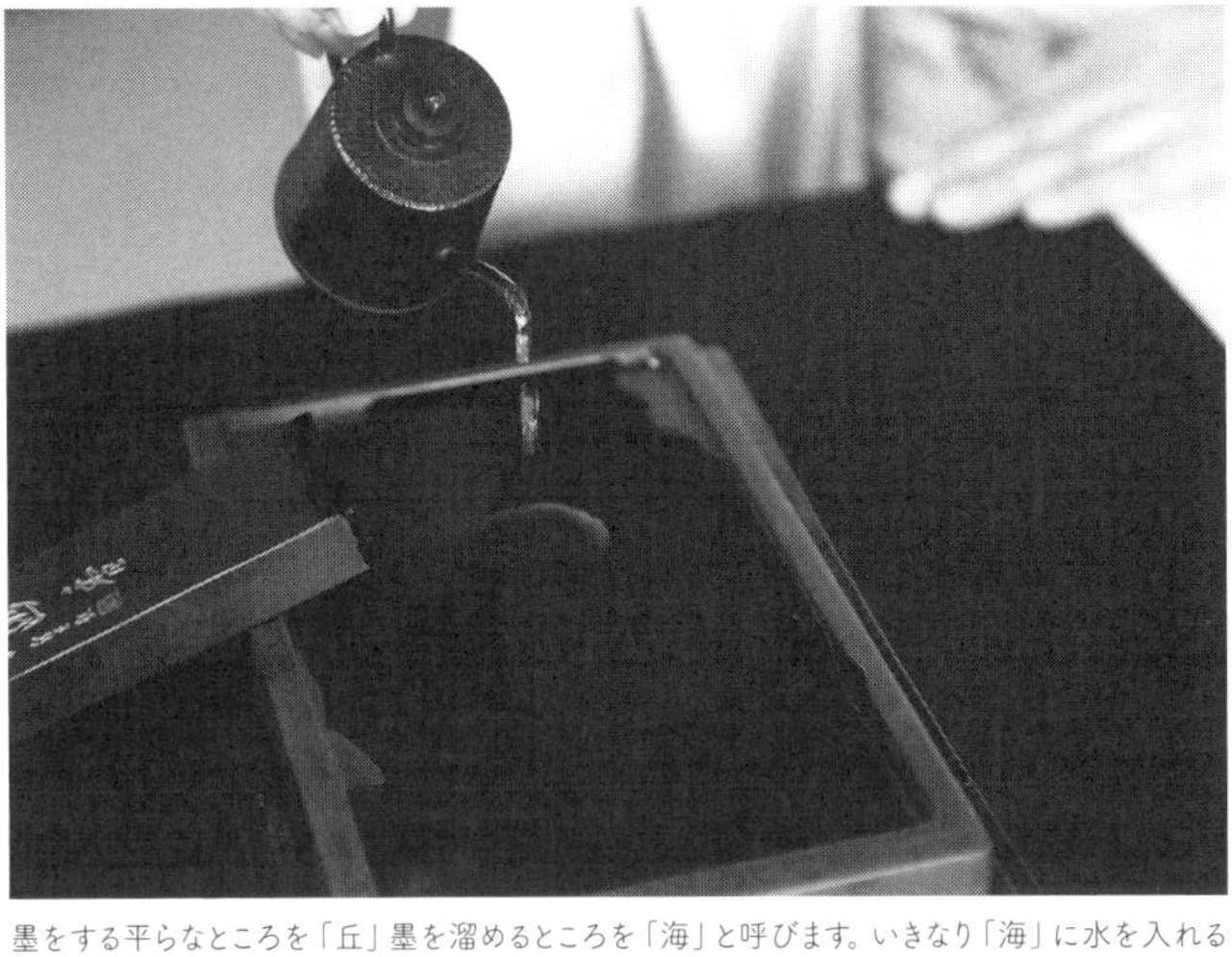

墨をする平らなところを「丘」墨を溜めるところを「海」と呼びます。いきなり「海」に水を入れるのではなく「丘」にポタポタと水を落として墨を擦ります。

筆ペン瞑想

筆ペンを使って気分転換になる簡単な瞑想の仕方をご紹介しましょう。
用意するのは、筆先の柔らかい筆ペン（ぺんてるや、呉竹の中字をお勧めします）と、A4、またはA3のコピー用紙。

コピー用紙を身体の正面に置いて、白い紙を見ながら深い呼吸をします。
心が落ち着いてきたら、筆ペンを持って、紙に丸を書きます。
この時、考えることは、丸を閉じることだけ。
円相のように、終筆を流したりせずに、最初と最後をきっちり繋げて丸にします。

大きさも、太さも、数も、手の動くまま、心の思うままに。

ただひたすら閉じることだけに集中して、コピー用紙に円を描き続けましょう。

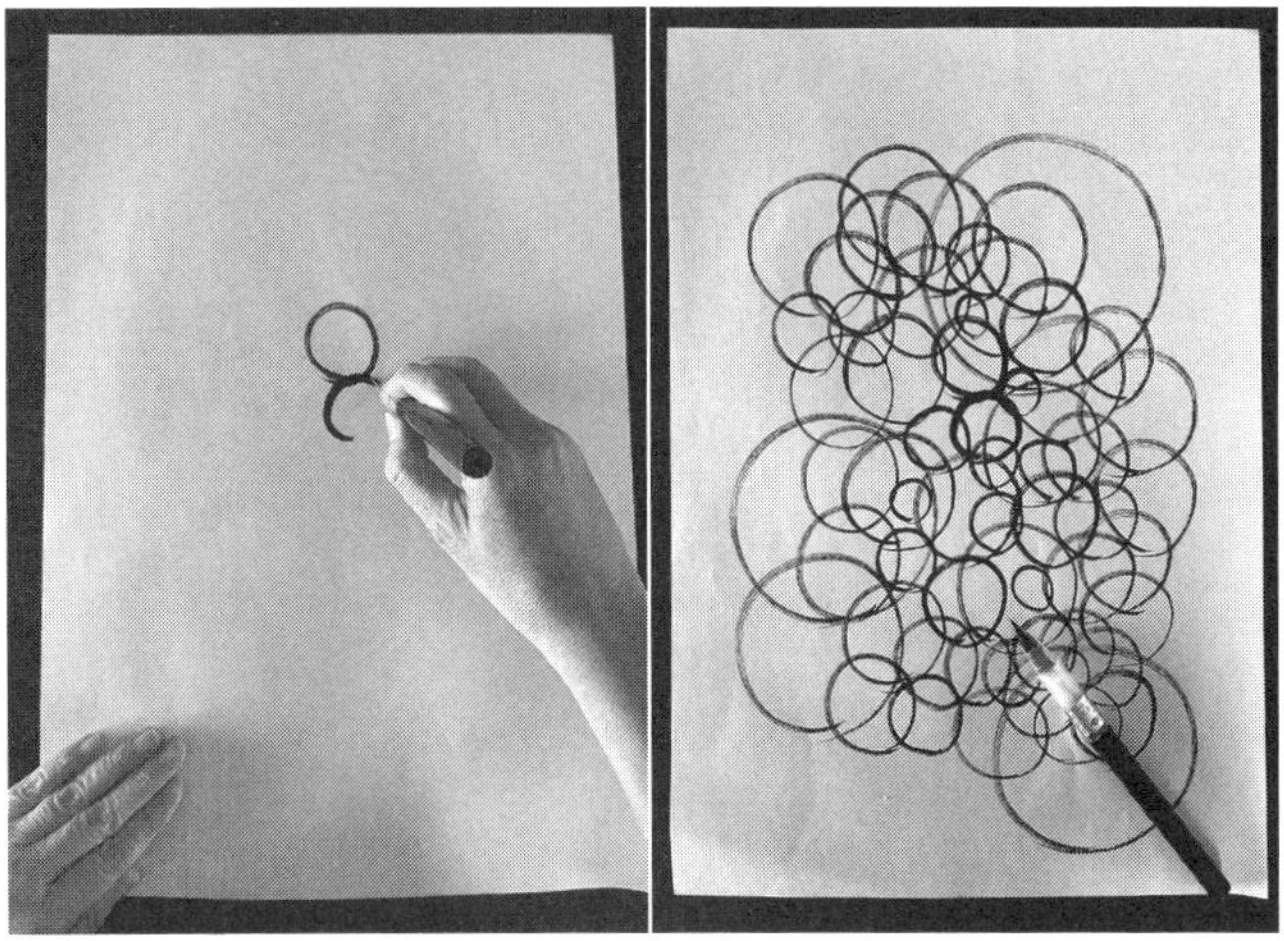

筆ペン瞑想をするときは、体勢も整えます。左手を添えて。うまくやろうと思わず、ただ心の心地よいままに任せて。デスクワークの合間に試してください。

もう十分だと思ったら、静かに筆ペンを置いて、もう一度深い呼吸をして、出来上がったものを眺めてみましょう。

まるで、現代アートのようではないですか。

もし、そこからインスピレーションで言葉が浮かんできたら、それも書き留めておきましょう。

デスクワークに疲れた時、気分転換したい時、手軽に今ここに集中できる筆ペン瞑想、ぜひやってみてください。

第五章

リデザインで繋げる日本文化

ReDesign

ここまで、日本文化のあれこれについてお伝えしてきましたが、残念なことに、今周りを見渡してみても、急速に日本らしさが失われてきていることを強く感じます。先達が繋いできた文化、伝統、技術、精神性、そして自然までもが合理性、利便性、生産性、収益性を追求する風潮の中で、次世代へ繋いでいくことが困難になってきています。

この章では、そんな中、頑なに伝統だけを守るのではなく、新しい視点を取り入れて、先達から受け継いできたものに価値をつけ、次へと繋ぐ努力をされている企業や団体、個人をご紹介していきます。

日本文化をデザインし直して、そこに価値を生み出していく努力をされている方や企業・団体を、きっとあなたの周りでも発見できるはずです。そういった方たちが目に見える繋がりを超えて、共時性で共鳴していく世界を想像するだけでワクワクしませんか。

ハタノワタル

京都府綾部市に工房を持つハタノワタルさんは、黒谷和紙《くろたにわし》職人であり、アート作家であり、黒谷和紙を素材とした空間デザイン施工や、平面作品の制作で注目されています。

大学で油絵を専攻していたワタルさんは、支持体としての和紙に出会い、その魅力に魅せられ、綾部に移住して黒谷和紙職人になりました。

そもそも紙は楮《こうぞ》という木からできており、日本人は暮らしの中で紙を多用していました。楮の繊維を漉いた和紙は丈夫で、飽きのこない素朴な風合いがあり、日常と共に在るのに適しています。

そこにアーティストとしてのワタルさんの感性が加わると、心落ち着く研ぎ澄まされた空間が生まれ、どこか懐かしいものを思い起こさせるアート作品が創造されます。

原点は和紙職人であることを崩さないワタルさんですが、2018年には黒谷を出て自宅に工房を構え、楮を育て、今では7人の雇用を生んでいます。

内装施工は、住宅、ホテル、飲食店など幅広く、受注が間に合わない状況が続く中、日本各地にある紙漉き産地の職人さんに、ワタルさんが培ってきた手漉き和紙を使った内装施工のノウハウを

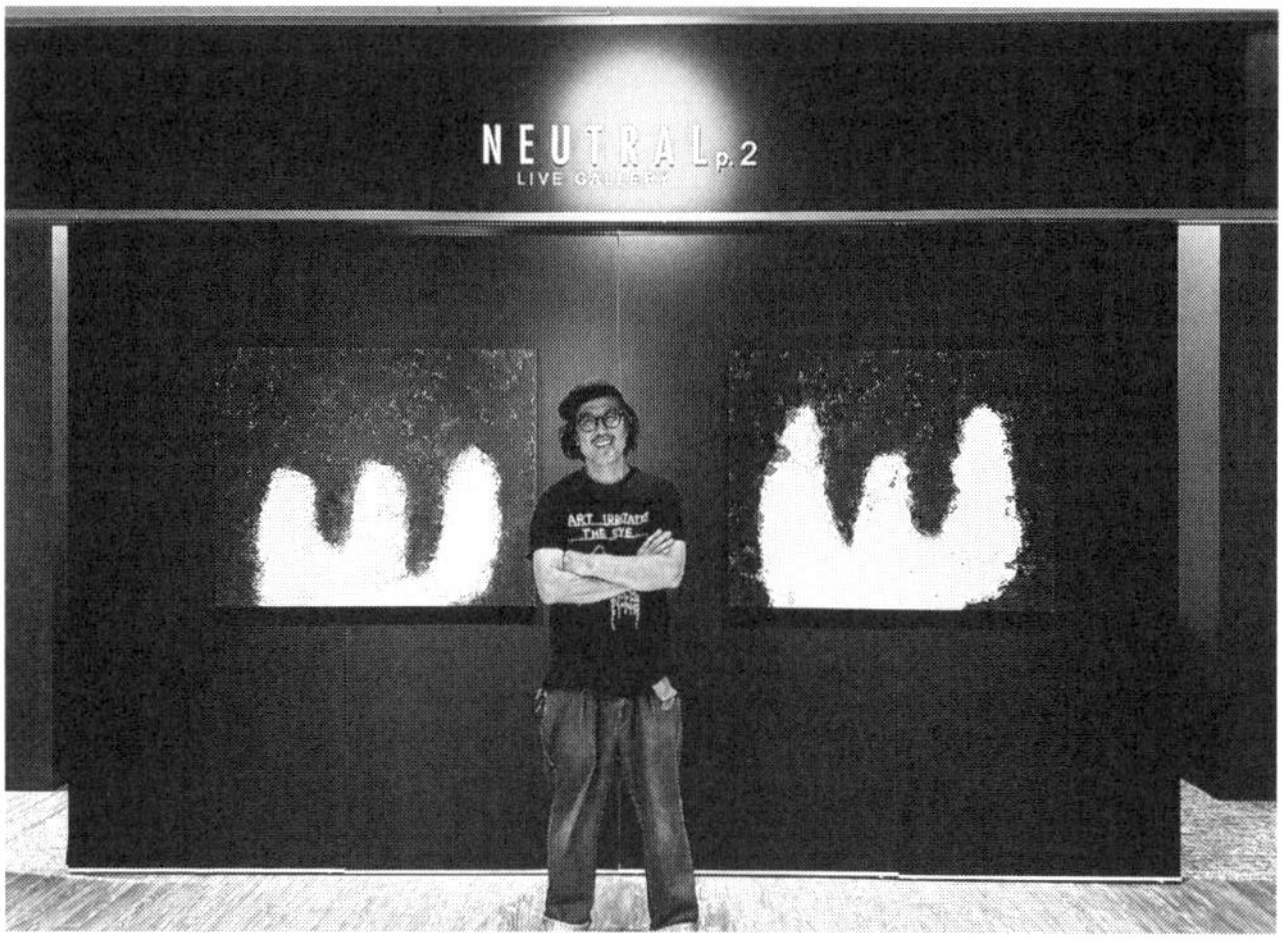

本著に何度も登場するハタノワタルさん。書家の顔もあり、大垣書店麻布台ヒルズ店で開催した初めての書の個展は「山」一文字で埋め尽くされました。

伝え、手漉き和紙内装の地消地産のようなスタイルを日本全国に広げるという取り組みをスタートしようとされています。

ユネスコの文化遺産に登録された和紙ですが、職人仕事は単価が安く、現代の社会の中で仕事として受け継がれていくことが難しくなっている状況の中、和紙の利用の幅を広げ、価値をあげることによって、ビジネスとしても魅力ある素材になれば、和紙の文化を次世代に受け継いでいくことができます。

消えゆこうとしている日本各地の和紙の産地が活性化され、日本人の暮らしの中に当たり前のように紙があるという社会が来ることを願って止みません。

公式サイト

木村染匠《せんしょう》

京友禅の老舗メーカーの「木村染匠株式会社」は伝統的な手描京友禅の着物の製作はもちろんですが、京友禅硝子《ガラス》の製造にも長年取り組んでいます。自社で製作した生地を合わせ硝子に封入することで、繊細な京友禅の色合いを経年劣化の影響を受けずにその美しさのまま保存することを可能にしたのです。

京友禅硝子を建具として使用することで、インテリアとして京友禅を楽しむことができます。ホテルやレジデンスのエントランス、駅の装飾、博物館、学校、公共施設など施工例は多岐にわたります。

最近では、京友禅の図柄と毛筆の漢字を組み合わせたアートパネルを発表し、私も書道家として製作協力させていただきました。海外の方へのお土産品としても注目されることが期待されます。

木村染匠さんの着物はまさに美術品を身に纏うという表現にふさわしい美しさです。木村染匠さんに着物の誂《あつら》えを頼む方は、ご自身も親が誂えてくれた着物を受け継いだのと同じように、ご自身

京都のBAR 帆-HAN-で使用されている京友禅硝子がセンターに嵌め込まれたテーブル。着物の吉祥模様である「束ね熨斗」のラインが華やかです。

の娘さんにも、次に受け継いでいける着物を残したいといって、依頼をされる方が多いそうです。

人口減少や着物離れの中、着物の文化を守るためにも、手描京友禅の文化を守るためにも、携わる職人さんたちの仕事を安定的に供給することが必須です。美しい着物を製造販売することはもちろん、同時に視点を少し変えて、新しい技術を取り入れながら文化と事業の継続を図る木村染匠株式会社の取り組みは、今後も注目していきたいです。

公式サイト

アートパネルの制作工程の動画

水玄京《すいげんきょう》

日本の伝統工芸品を海外向けに販売するＥＣサイトの運営と同時に、ＳＮＳを使って日本の職人技の価値を発信している会社が「株式会社水玄京」です。創業者は20代と若く、今の時代に合ったやり方で日本の伝統工芸の職人さんをバックアップしているのが特徴的です。

YouTube、TikTok、Instagramのフォロワーは合計で１００万人を超えていて、９割が外国人で構成されています。国内ではなく、国外にターゲットを絞り発信をすることで多くの外国人フォロワーを得ることができているそうです。そんな外国人が購入した商品の売上手数料は、職人の方たちからはほとんどいただかず、最大限利益を還元することで、産業の復興に努めておられます。

そもそも、高校生の時に海外留学を経験した代表の角居さんが、海外から客観的に見た日本に価値を感じ、起業するのだったら日本の伝統工芸の職人さんにスポットライトを当てようということで始めた会社だそうです。

100,000回叩いて完成するカップを作る東京銀器職人 泉健一郎さん。水玄京の動画サイトでは400万近い再生回数となっています。

副代表の柴田さんは、「職人さんはかっこいい」と言います。目の前のことを淡々とやり、軸をブラさずに毎日継続してコツコツ同じことを繰り返すことができるのは、日本人ならではの特性で、それが彼と同世代であるプロ野球の大谷選手の野球への向き合い方にも通じるのではないかと感じるそうです。

そんな地味ともいえる日本人らしさを「かっこいい」と感じて、明日廃業するかもしれない右肩下がりの伝統工芸産業を盛り上げ、日本の良さが際立つ社会を創ることを目指している若い会社の活躍に期待が膨らみます。

公式サイト

株式会社イ・デ・ヤ

友人の井出直美さんが代表を務める株式会社イ・デ・ヤは花火を活用したイベントの企画・プロデュース業務をする会社です。中でも、花火大会で使われるような打ち上げ花火を個人で上げられる「花火をあげようプロジェクト」は彼女の花火への思いが詰まっています。

国産の花火のクオリティーの高さは、外国の技術では再現できないにもかかわらず、なかなか言葉で表すのは難しく、安価な外国製のものに市場を奪われつつあります。なんとかして、日本の花火を次世代に残していきたい。そんな井出さんの思いから始まった花火イベント事業です。

花火大会は夏に集中していたり、天候によって中止になったりと、年間を通じての仕事としては安定しておらず、国産花火が中国製のものに押されている現状などもあります。小規模の花火の打ち上げが年間を通して行われれば、国産花火業界にも火が付くのではと考え出されたのがプライベート花火のプロデュースです。

実際に、私も自分の誕生日に井出直美さんにプロデュースしてもらって、その場を共有したみん

玉込めの様子。花火の星を玉皮に並べて詰める「玉込め」。上空で綺麗な円に拡がるかどうかが決まる、繊細な職人の手作業です。

なの心に一生残る、プライベート花火を打ち上げることができました。体験者としてプライベート花火の魅力をあげるとしたら、花火の主催者となってその一瞬の美を夜空に打ち上げることで、多くの見ず知らずの人たちにまで喜びを供給することができるという点です。井出さんのおかげで、私のような微力な者でも、花火によって人の喜びに貢献できるという視点に気づかせていただきました。

井出さんが目指すのは、記念やお祝いにお花を贈ったり、豪華な食事をしたり、旅行に行ったりする文化が定着しているように、一生に一度の大切な時に、誰かのためや自分のために花火を上げるという選択肢が普通にある文化を作ることです。

公式サイト

睡眠考房まつい

大阪にある「睡眠考房まつい」の3代目を継ぐ松井重樹さんは、ひと目見たら忘れられない風貌をされています。スキンヘッドに和服。それが彼のトレードマークです。近づきがたい雰囲気を醸し出しながら、いざ話を始めるとコテコテの大阪弁の語り口は優しくて、それでいて、揺るぎない芯の強さを感じさせます。

人は人生の1／3を睡眠に充てており、睡眠の質を上げることで人生の質も上がるという考えで、寝具だけではなく、眠りそのものを深く考察されています。

そんな松井さんのこだわりは天然素材の布団。前述した天然素材の寝具で寝る日本人の割合は現在1％足らずです。松井さんは、その割合を10％にするというビジョンを掲げてお仕事をされています。

一方で、国家検定資格である寝具製作技能士の資格試験が今後開催されなくなる可能性も出てきているという現状があります。寝具製作技能という職人の技術も風前の灯となっている中、寝具業界に新しい風を吹かすべく、「自分で作る綿の敷布団ワークショップ」の開催や、睡眠に関するカ

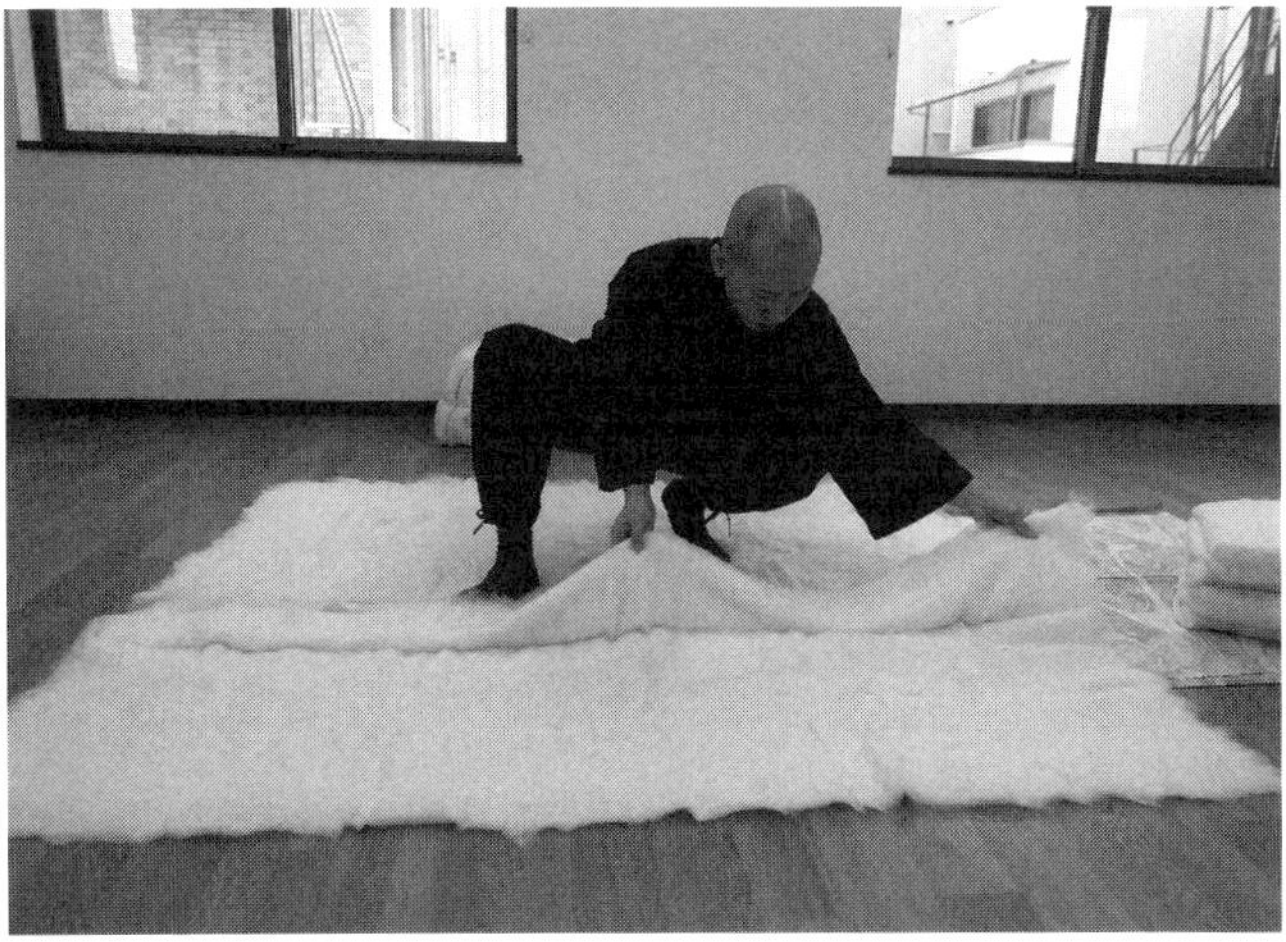

綿を幾重にも重ね、形成していきます。繊維の向きを意識して綿を張ることで布団に強度を持たせ、綿同士の重なりを巧みに調整し、寝心地の良い布団を作り上げます。

ウンセリングを行っているのが、松井さん独自の取り組みです。

この「自分で作る綿の敷布団ワークショップ」は好評で、日本各地で開催されています。

和布団で寝る心地よさを一人でも多くの方が体感して、眠りの本質に気づけば、質の高い睡眠で日々のパフォーマンスを上げていくことができると同時に、布団職人の生き残りの道も見えてくるのではないでしょうか。

お日様の陽をたっぷり浴びたふかふかの綿布団の体感も、現代の日本人にもう一度思い出していただきたいです。

公式サイト

ゼロ・イングリッシュ

株式会社 Wonder Zero 代表の渡辺拓さんと私とで共同開発した、自信を持って日本を語れる国際人を排出するための英語コーチングメソッドが「ゼロ・イングリッシュ」です。

日本人が持つ英語の苦手意識はそもそも教育現場などで植え付けられた先入観にすぎず、かつては英語で深淵な日本文化を語った文人偉人は多くいました。

ネイティブを前にすると緊張してしまい、人と自分を比べたりして、自信を挫かれてきた方たちに、日本人としての自信を取り戻し、堂々と英語で日本や自分を語れるようになってもらいたいという思いが一致して、渡辺さんとの共同開発となりました。

自分の興味のある日本文化を深掘りして知識と理解を深め、英語の特徴であるシンプルでわかりやすい言い回しにするために、まずは日本語を小学生にでもわかるように噛み砕いていきます。シンプルな日本語を元にして自分の中にすでに「ある」英語の文法力、語彙力でできる「1分スピーチ」を作ることで、「自分にも話せる！」自信を取り戻すことができるというメソッドです。

渡辺さんが作った独自の目標設定メソッドや、ビジュアライゼーションを使った会話練習など、

テンプレートに沿って自分のオリジナル自己紹介を作って、まずは1分間スピーチに挑戦した受講者さんのイラスト。

これまでになかった英語学習法を提案しています。英語を学びながら、日本人としての基礎体力も付き、プレゼン力も身につくのが、ゼロ・イングリッシュの魅力です。

インバウンド事業も増え、英語で自社商品をアピールする必要性を感じている方も多く、英語をツールにして日本の魅力を堂々と世界にプレゼンしていく力の需要はますます高まっていくでしょう。

note

山田翔太

私が知り合った頃は、アスリート陶芸家の肩書きで、茶道具をコンパクトにリュックに詰めてトレイルランをし、絶景ポイントで野点《のだて》の茶会を開くという活動をされていた山田翔太さん。釉薬の自然の成り行きで浮かび上がる景色が富士山にも見えることから、山田翔太さんの作る茶盌《ちゃわん》が注目されていました。16歳から独学で陶芸を学び、そのオリジナリティーが光ります。

国内だけにとどまらず、海外でも個展や茶会を開催し、日本文化を世界に伝える若手アーティストとして活躍。その後もどんどん進化していって、遠州流の茶人でありながら、流派に囚われない茶会を、多い時は週4~5回のペースで開催されています。年間5~600人が山田翔太さんの茶会に参加している計算になります。これは延べ数ではなく、毎回新しい方が参加しているというから驚きです。おそらく、今、日本で最も茶会に人を呼べる茶人だといえるでしょう。

茶会では、自ら作陶した茶盌を使い、伝統的な茶道の「見立て」の概念に、伝統が始まる前の

山田翔太さんの「みたて茶会」は茶盌を通して日本文化の奥行きの深さを知り、自分の美意識に出会うマインドフルな時間です。

もっと純粋な「みたて」を上書きして、一人ひとりがオリジナルで持っている美意識を解放できる場を創り出します。

「あなたにとっての美しさは何ですか」。押し付けや、与えられた美意識ではなく、自分にとっての美しさを発見できた時、人は囚われの思考から解放されます。

伝統的な茶道から逸脱しているようにも見える山田翔太さんの茶のスタイルは、実は、利休さんが茶の湯で成し遂げたかったことに最も近いのかもしれません。

公式サイト

游刻《ゆうこく》

　游刻というのは、游刻作家の長坂ビショップ大山さんが名付けた、新しいスタイルの篆刻《てんこく》（ハンコ）です。漢字の成り立ちのところでお伝えした、秦の時代に確立した篆書の書体を石に彫って書道や日本画などの落款印として用いるのが篆刻ですが、大山さんが創り出したのは、もっと自由に、漂う思いのままに名前や屋号、言葉を石に刻む游刻です。

「自分だけのオリジナルロゴマーク」とも表現される游刻は、依頼者の人となり、コンセプトからインスピレーションを得て、伝統的な書体だけではなく、梵字や古代文字、他国の文字、洋の東西を問わないシンボルなど、様々な素材を意匠とします。

　大山さんの自由な発想から繰り出されるデザインは洗練されていて、大胆さと繊細さが融合した独自の世界観を醸し出します。

　モダンでありながら、日本的なものを游刻から強く感じるのは、大山さんの日本文化への深い造詣と、大山さんが培ってきた日本人ならではの豊かな情緒が映し出されているからでしょう。

　私も、書道の雅号と、会社の印、そして、福厳寺の大愚和尚からいただいた戒名に続き、茶名と、

一目見て職業がわかるものから、一捻りも二捻りもされているものまで。個性あふれる游刻で繋がる游刻ファミリーはすでに200人を超えています。

4つも游刻を作ってもらいました。
大山さんは、游刻を作る時は、それぞれのヒト、モノ、コトの中にある個性に寄り添う印面である事を大切にしているとおっしゃいます。游刻が唯一無二の個性を表現している所以です。

デジタル署名の普及が進められるなど、判子文化も自然淘汰される未来が来るかもしれません。それでも、石に刻んだ印は、数百年どころか、ほぼ永久に後世に残ります。
游刻の世界をぜひ、覗いてみてください。

公式サイト

麹の学校

寺田本家の蔵人を経て、麹文化研究家となったなかじさんが代表を務める「麹の学校」。オンラインサロンの形式で麹作りを学ぶことができ、現在サロンメンバーは500人を超えています。

麹作りを教えることのできる認定講師養成講座があり、5ヶ月間の講座を修了して認定講師となった後も、日本各地はもちろん、北米や欧州、アジアなど、世界各国の250名近い認定講師仲間と交流するコミュニティーが活発に動いています。麹の世界は奥が深く、一生かかっても勉強しきれない分野なので、代表のなかじさんも、講師メンバーも共に学びながら実践しながら、日々情報をアップデートして麹の世界を探求していくというスタイルです。

なかじさんと認定講師で蔵元や醤油醸造所を訪ねるツアーや、麹作りの合宿など、オフラインでの交流も盛んです。

元々美大出身のなかじさんの手で、麹菌の「コージー」というキャラクターも誕生し、麹の絵本製作プロジェクトが立ち上がって3年半、ようやく絵本が完成しました。

麹の学校代表のなかじこと南 智征さん。いつも自然体で、有機的に人生を創造し、緩やかで軽やかな在り方は講師仲間のお手本です。

なかじさんが目指すのは、「麹を伝える」を仕事として成立する文化を創ること。パン教室の先生や、ピアノの先生のように、「麹の先生」という仕事が社会で認知される文化ができれば、一般の家庭で麹を作る人も増え、麹文化を次世代に繋ぐこともできる。この発想は、他の分野にも応用できるのではと思います。

新しい食育の原体験となるべく完成した絵本『こうじのコージー』のキャラクター。

公式サイト

モンドパラレッロ歌劇団

2018年に創団された「モンドパラレッロ歌劇団」は、マイノリティをテーマにしたオペラ劇団です。イタリア語でオリジナル楽曲を作り、能楽的演出を取り入れ、革新的な歌劇様式を探求していて、劇団員は日頃から能楽、日本舞踊、書道などを学び、日本伝統芸能の身体感覚を養い、和と洋が織りなす舞台を見事に演出しています。

斬新な企画力でエンターテイメント性も高く、オペラと能楽という一見ハードルが高い東西の芸術を融合させた能楽堂コラボ作品は2024年秋で7作目が公演されました。

団長を務めるオペラ歌手のマリア・セレンは、ノーブレスでソプラノとテノールを歌い分けると言う両声切替技法を持ち、ジャパンズ・ゴット・タレントの初代チャンピオンです。アメリカズ・ゴット・タレントでも全米放送され、多くのファンを魅了しています。

女性声と男性声、オペラの発声と能楽の発声、西洋の音階と日本の音階、幽玄で表現されるあの世とこの世など、相対する二つの世界を行き来するパラレルワールドを意味する劇団名を表出する芸能は、今後新しいジャパンコンテンツとして世界に認知されていくのではないかと期待しています。

モンドパラレッロ歌劇団の能楽堂コラボ特別公演のポスターからも、華やかな花魁衣装で彩られる能舞台の様子が想像できます。

Maria_Seiren
公式サイト

モンドパラレッロ歌劇団
公式サイト

農家民宿ぼっかって

一年を通して私に米づくりを教えてくれたのが、「農家民宿ぼっかって」の加納昭文・まゆ香ご夫妻です。お二人とも京都市内のご出身ですが、自然農で有名な赤目塾の川口由一さんに農業を学び、京都府綾部市に移住して、自然農で畑と田んぼを育てながら、農家民宿を運営されています。

実は、お二人を私に紹介してくれたのは、この本に何度も登場する京都府綾部在住の作家ハタノワタルさんです。ワタルさん自身も、黒谷和紙の職人になるために綾部に移住されたのですが、ぼっかってのお二人も、そんな移住組です。綾部移住者はアーティストの方も多く、ぼっかってのご主人も「アキフミキング」というアーティスト名で、流木作家として活動し、ファンの心を掴んでいます。センスよく自身で手を入れたお家は、何度訪れても心が和みます。畑も田んぼも母屋に隣接していて、暮らしと農が密接しています。お二人の提供する日々のお料理は、素材の持つエネルギーがより味を引き立てます。

私がお米づくりに関心を持ったのも、幾度かぼっかってに宿泊した時、お二人の暮らしぶりに人

の本質の姿を見たからです。

ぼっかってに宿泊しながら、畑や田んぼの作業を体験し、暮らしや自然を学ぶことができる。そんな豊かな時間を味わいに、ぜひ綾部を訪れてみてはいかがでしょうか。

Instagram

ぼっかっての加納夫妻。ご主人の昭文さんの口癖「僕かって」から名付けられました。お二人の丁寧な暮らしは憧れです。

収穫した稲科の植物で作る手仕事のワークショップも開催されています。

自豊暮《しふく》

私の味噌作り、醤油作り、梅干し作りを助けてもらっている御殿場の農家瀬戸家のブランド名が「自豊暮」です。瀬戸ご夫婦と初めて会ったのは、第二章でご紹介した佐藤初女さんのおむすび講習会でした。ご主人のご実家の農業を継ぐと決めた若いご夫婦が、初めて自分たちの手で作ったお米を、この講習会に提供してくれました。初女さんのおむすびの感動を共有したことがきっかけで、長くご縁をいただいています。

瀬戸家の独自のお味噌仕込みに魅了され、私の主宰する「食の和・輪・環」でも毎年大寒の日には、自豊暮でお味噌イベントを開催させていただいています。

全て手作業の自豊暮の初米《はつめ》は佐藤初女さんのお名前から取ったものです。稲刈りの後の田んぼで育つ御殿場名産の水かけ菜、無農薬のお茶、梅干しを漬けるための梅、共同で仕込む手作り醤油。私の食を支えてくれているのが、自豊暮だといっても過言ではありません。

２０２４年、納屋を改造して作ったみんなの家「ただいま」が完成しました。いつでも誰でも「ただいま」と言って帰って来られる場所、いつでも誰でも「ただ、いま」この瞬間を楽しめる場

自豊暮の瀬戸家のご家族。農業も手仕事のお手伝いも、小さい頃から日常にある瀬戸家の子どもたち。成長が楽しみです。

所、大人も子どもも「ありのまま」に過ごせる場所を作りたいという瀬戸ご夫婦の思いが形になったのです。

瀬戸家は3男1女の子だくさん。瀬戸家を訪れると、まさに自然のままの豊かな暮らしに癒されます。小さい時から家業を見ながら育つ子どもたちは、今の都会の子どもが決して学校では学べない生きる力を身につけていくでしょう。

就農する若い家族のお手本となる自豊暮の瀬戸家です。

Facebook

一般社団法人絡合会《らくごうかい》

令和6年6月、「一般社団法人絡合会」は誠実・恩義・慈愛の心で希望ある日本を創造することを理念に設立されました。

「絡合」をそのまま読めば「からみあい」です。

宇宙にある全てのものには繋がり合おう、絡み合おうとする力が働いていて、それを「絡合力」といいます。

自然界で起こる鰯の群れでたとえられますが、鰯のような小さな魚は、鮪や鰹など、巨大な魚から身を守るために群れを作って捕食されないようにします。単体では太刀打ちできなくても、群れとなればその種を守ることができることを知っているのは、物理現象である「絡合」が起こっているからだといわれています。

日本人にもこの「絡合力」が備わっていて、私たちの祖先は、奪い合いではなく助け合いの心で、この国の国土、文化、精神性、そして生命を守り受け繋いで来ました。しかし、今の日本の社会構

絡合会東京主催のBBQの日。武田邦彦先生からはバーベキューにまつわる科学的なお話も。

造は利害関係に絡め取られていて、短絡的な利益や表面的な美辞麗句に囚われ、西洋的な個人主義が加速しています。

社会問題の根本解決のためには、私たち一人一人が知を高め、深い教養と倫理観を持ち、自ら行動することが大切です。

元名古屋大学大学院教授で科学者の武田邦彦先生の原案により設立された絡合会の会員は、何よりも誠実であることを大事に、自らを研鑽しつつ、地域社会に貢献し、旅行や勉強会、地域絡合会を通じて、人と人とが繋がり、絡み合い、利害関係を超えた真の連帯を築き上げることを目指しています。

公式サイト

一人ひとりの心掛けが日本の未来を決める

　ここでご紹介した方たち、企業、団体は、守ることに囚われるのではなく、好奇心や向上心、創意工夫、自由な発想、そしてそこに日本人らしい努力を厭わない謙虚さや勤勉さが加味されて、独自のスタイルを創造した結果、事業や活動が発展して、自ずと次世代への文化の継承に貢献されています。

　戦国の世で利休さんが茶の湯の精神の確立と共に国産の道具に価値をつけたように、現代に生きる私たちも、日本文化の価値を高める創意工夫が必要です。価値のないものは廃れる運命にあります。

　私たちがサービスや商品を選ぶ時、大手マスメディアの宣伝広告に誘導され、あたかも西洋のものに価値があり、日本のものには価値を低く見積もる傾向があります。

　高額な外国のブランドバッグに価値を置き、国産の職人さんが丁寧に作った逸品は買い渋ります。

外国の高級車がステータスになり、国産の車が大衆車として扱われます。

経済優先の大量生産大量消費の渦の中で、私たちは思考を忘れ、外側の価値観に左右され、自分にとって本当に好きなもの、本当に必要なものを選んで良いということさえ忘れてしまっています。

パリのアパルトマンの一室を改造して作った茶室には世界各地から若者が茶道を学びに来ます。

日本人だからできるサービス、日本人だから作れる商品に対して価値を創造していくことで、この地で先祖が培ってきた文化、精神性を、次世代が誇れるものとして受け継いでいくことができます。海外に出ると、私たちの先達が、過去においてどれだけ「日本」に価値を創造してくださったかがわかります。世界のあらゆる国で、地元に貢献し、尊敬される日本人がいます。日本のものつくりは世界から尊敬と憧れを集め、愛好家に愛されています。

そういう先達たちの日本ブランドの価値の創造の積み重ねの恩恵にあずかっている私たちで

すが、果たして次の世代にどんなバトンが渡せるでしょうか。

書道の章と、この章にも登場するモンドパラレッロ歌劇団の監督と一緒に年末の第九交響曲を観ていた時のことです。カーテンコールが何度も湧き上がり、メインのオペラ歌手の皆さん、合唱の指揮者の方など、舞台袖に下がってはまた拍手と共にステージに登場するということを繰り返す光景を見て、監督が一言おっしゃいました。「これってとっても西洋的だね。どうだと言わんばかりだ。能ではシテ（主役）は黙って橋がかりを下がっていく。揚幕《あげまく》の向こうに消えたらもう出てはこない。真逆の文化だ」と。

西洋音楽や演劇、バレエもそうですが、この最後の挨拶を当たり前の光景として私たちも受け入れています。しかし、よく考えるとこれこそ西洋的な価値観に則った慣例のように感じます。もちろん、主役だけではなく舞台の下支えをした演者や奏者、演出者にも惜しみない拍手を送るというシーンもありますが、儀礼化しているようにも見えます。カーテンコールは、最大限に主役を讃えるという強者優位の西洋的価値観の下で慣例化しているのではないでしょうか。

一方で、日本最古の舞台芸能である能はどうでしょう。演目が終わると主役のシテは黙って橋がかりを下がります。音もなく揚幕の向こうの幽玄の世界へと帰っていくのです。現世からあの世へ帰るシテの背中を黙って見送り、観客は舞台の余韻をそれぞれの胸の中に持ち帰ります。演者は観客の邪魔をしない。観客も演者に感情移入しない。それぞれがそれぞれの役割に見えない境界線を張って過介入も過依存もしない。けれど、舞台を共有し、能楽堂がひとときの共同体となって共鳴し合い、各々の感覚となって細胞の中に残っていくのです。

人間はもちろん、全ての生物には絡み合いの力が作用しています。それを「絡合」と呼び、日本社会に「絡合力」を取り戻そうと提唱されているのが、科学者の武田邦彦先生です。詳しくは、武田先生のご著書や発信、また一般社団法人絡合会のホームページを参考にしていただきたいのですが、日本人が元から持っていた、他者と絡み合い、調和し、群れに貢献し、他者の役に立つことを喜びとする精神性が絡合力です。

文化というのは決して個では成り立ちません。名もなき人たちが繋ぎ目となり、過去から未来へとバトンを渡し続けてこそ、文化となって次世代に受け継がれていきます。そこには、強者も弱者も、勝者も敗者もいません。全体の中の一つの細胞同士が絡み合うだけです。

西洋の価値観が日本を侵食し、自己実現や、個の成功を求め続けた結果、自分探しに明け暮れ、利己的になり、他者への無関心、冷淡さが蔓延《はびこ》る社会へと日本が変わってきて久しくあります。

この本で紹介させていただいた方々、企業、団体に共通していることがあります。それは、西洋的価値観の下で自己実現を目指しているのではなく、人が喜ぶ顔が見たい、人の役に立ちたいという利他的な精神性を土台にして、真面目にコツコツと働き、自身の専門性や特性を活かして社会に貢献していることです。

ただ儲かれば良いと、合理性や利便性、経済的打算で働いていては疲弊していくだけです。そして、先達がコツコツと受け継いできた文化や精神性も廃れ、日本人の記憶からも消され、ただ書物の中にだけ残っていくことになりかねません。

一人ひとりの在り方が問われる今、あなたのその選択、その行動が未来の日本の行方を左右するという自覚を持っていれば、次世代の子どもたちにも価値あるバトンが引き継がれていくでしょう。

おわりに

私たち日本人は、他の国の人たちと違って自分や家族を自慢したりすることは恥だと認識し、「謙遜」を美徳とします。一方、外国ではいかに自分を主張するか、自己アピールできるかで評価されます。「能ある鷹は爪を隠す」は通用しません。しかし、その「謙遜」が自信のなさからくるのか、それとも美徳としての「謙遜」なのかを自覚することが大切です。

私たちが持つべきは、自信の基盤の上に立つ「謙遜」です。日本の美点を自ら自慢げに話すことはしなくても、聞かれた時は堂々と語れるだけのものを自分の中に持っておけば、それが可能になります。

１８９４年から１９０６年にかけてアメリカで出版された、内村鑑三の『代表的日本人』、岡倉天心の『茶の本』、新渡戸稲造の『武士道』は世界的ベストセラーとなり、「日本の心三大名著」とも呼ばれ、１００年を過ぎた現代でも世界で読み継がれています。私がこれまで出会ってきた欧米の知識人の友人たちは、老いも若きも日本バイブルともいえるこれらの書物を読んでいました。

私も彼らに教えられて読んだ口なので、とても偉そうなことはいえませんが、日本人よりも日本のことをよく知っていて、日本人よりも日本を愛している外国人の多さに驚く前に、あまりにも日本人が日本のことを知らず、日本を誇る言葉を紡げないことにある種の絶望を感じてしまいます。

空っぽの中からは、誇りも自信の上にある謙遜も生まれません。

ではなぜ日本人の内側が空っぽになってしまったのか。その要因はいくつかあると思いますが、日常の暮らしがあまりにも西洋化したこと、核家族化が進み、先代たちから受け継いできた文化が暮らしの中で受け継がれなくなってしまったことが大きいと感じています。

社会全体が、内側ではなく、外へ外へと向いているのも要因の一つでしょう。政治にしても、この国の政治家は日本よりも外国を優先し、尊重し、日本人や日本の国土を蔑ろにしているようにしか見えません。

特に戦後、私たちが西洋文化に憧れ、模倣した結果、足元の宝物をいとも簡単に捨ててきてしまいました。先人たちがとてつもなく長い時間をかけて受け継ぎ、切磋琢磨し、洗練されてきた文化や精神性の宝が泡のように消えていくのに長い時間は要りません。文化や精神性は、写真や書物の中だけに残るのではなく、この国で生まれ、生きる私たちがその暮らしの中で受け継いでこそ、未来に存続するのです。

私たちが捨てようとしている日本は、海外から見れば憧れの対象です。私たちは、日本のことを知らない自信のなさから謙虚になり過ぎていませんか。

私が好きな禅語に「明珠在掌《みょうじゅたなごころにあり》」というのがあります。「輝く光の珠はすでに、自分の手のひらの中にある」という意味です。

約260年にわたって行われてきた遣唐使が廃止された平安時代、大陸からもたらされた漢字をはじめとする外国の文化が、400年の長い年月の中で日本の中で熟成されました。それは、ひらがなの誕生とともに花開いた『源氏物語』など平安王朝文学や、新たな建築様式となった寝殿造り、十二単衣に代表される装束など、日本独自の文化の形成です。

江戸時代も然りです。一気にキリスト教とともに西洋文化が日本に押し寄せた戦国時代を経て、徳川家光によって鎖国が完成された後、独自の江戸文化が発展するようになりました。明治維新で開国したあとは、日本も渾身の力で欧米列強に対抗しましたが耐えきれず、戦後は瞬く間に欧米文化が日本の中に入り込んできて、日本人の価値観が大きく変わりました。

今またグローバリズムの名の下、世界がモノカルチャーへと移行していく流れの中で、私たちの独自の美しい文化や自然までもが、独自性を保てなくなってきています。欧米の価値観がもてはやされ、祖先が大事にしてきた利他の助け合い、繋がり合い絡み合いの精神が疎かにされ、自分さえ良ければという利己的な社会が蔓延しています。

闇雲に個人の権利を主張する人も増え、職場内がぎくしゃくする場面に出くわしては頭と心を悩ませている管理職や経営者の方の声も聞こえてきます。ものつくり大国のかつての日本の中小企業は、社長さんを親として社員は家族。時には叱られ、時には守られ、育てられながら会社を大きく発展させる一助となっていったものです。

私の父も、中小企業の経営者でしたが、まずは社員寮を作り、社員の衣食住が整ったあとで、自分の家や自家用車を持ちました。それが、日本人が大事にしてきた親心であり、利他であり、調和だったはずです。

外側にばかり目を向けて、価値を置いた結果、気がつけば手の中にあった宝が指の隙間からこぼれ落ちてしまっていたとしたら。

次の世代の子どもたちに手渡すものがなかったということにならないようにするには、私たち一人ひとりの選択が鍵になってきます。

縄文時代や平安時代、江戸時代のように外からの影響を受けずに、日本独自の文化を熟成させていく時代がまた来るとは思えませんが、せめて、私たち日本人が精神的に自立し、我が手の中にある宝に磨きをかければ、温故知新の知恵を持って日本を次世代に繋いでいくことができるのではないかと希望を持っています。

「はじめに」でも触れましたが、周りの同級生たちとは少し違った環境の中で育った私は、親への反発もあり、自分を丸ごと肯定することが難しいまま、子ども時代を過ごしました。外に関心を向けることで、自分への関心を逸らして生きてきたといえます。結果、「自分探し」と称して外への旅を続けていたように思います。

「看脚下《かんきゃっか》」という禅語があります。自分の足元をしっかりと見なさいという意味ですが、自分の足元をしっかり固めないと、その上に何を積み上げても崩れていくだけです。表面的な日本讃美や愛国心がネットなどではよく見かけられます。しかし、私にはその言葉が、上っ面の日本愛であり、誰かの思惑によって国民をコントロールする常套句のようにも聞こえます。そうでなければ、ここまで急激に日本が西洋化することはなかったのではないでしょうか。

暮らしの中から日本をなくしてしまうのは、あまりにも勿体無いとは思いませんか。日本は世界に誇るコンテンツの宝庫です。まずは暮らしの中で、日本文化を一つでも多く取り入れていってみてください。暮らしの質、人生の質がぐんと上がり、自分に自信が湧いてくることを感じるでしょう。

この本を読んでくださったあなたと一緒に、他人事ではなく、自分ごととして日本を捉え、日本文化で自分をエンパワメントしていくことができれば幸いです。

最後に、1年以上にもわたって、本の方向性や内容を吟味し、毎月の打ち合わせではいつも笑顔でアドバイスくださった編集者の小関珠緒さん、クローバー出版社の蝦名育美さんに感謝いたします。お二人が根気強く寄り添ってくださったおかげで、こうして本が形となりました。ありがとうございました。

また、私の茶道の師匠である裏千家名誉教授の入江宗敬先生、幼い頃に書道の指導をしてくださった松田愛香先生をはじめとする多くの書の先生方、一般社団法人絡合会設立を発案し、相談役についてくださった科学者の武田邦彦先生、市民が作る政治の会、日本再生会の代表で、今の日本の現状を憂えて啓蒙し続けている医師の内海聡先生。たくさんの大事なことを教えてくださった先生方に心より感謝いたします。加えて、それぞれの専門分野で日本を次世代に繋ぐ活動を続けている友人知人の皆さんからも多くを学びました。皆様に感謝いたします。

本の中の茶道に関する美しい写真を提供してくださった、イタリアミラノ在住の茶道家であり写真家であるアルベルト・モーロさん、素晴らしい花火の写真を提供してくださった花火写真家の金武 武さんにも心から感謝いたします。

布団やお味噌を手作りしてくれた祖母、葉隠武士の末裔としての誇りを持ったその生き様を見せてくれた父、そして、日々の暮らしの中で受け継がれてきた四季折々の美味しいもので食卓を彩ってくれた母がいたからこそ、この本ができました。次世代を生きる二人の息子たちの未来が日本と共に健やかで美しい輝きで満ちますようにという祈りもこの本に込めました。私のこれまでの人生に関わってくださった全ての方々に感謝して終わりの言葉にさせていただきます。

書籍購入特典

少しのコツとおもてなしの心で
お茶が格段に美味しくなる

クリーミーな
お茶の点て方
解説動画をプレゼント

『世界に誇るくらしの中の日本』をご購入いただき、誠にありがとうございます。

皆様への感謝を込めて、97ページでご紹介した「クリーミーなお茶の点て方」の解説動画を、特典としてプレゼントさせていただきます。

特典は下記QRコードからお申込みできますので、格段に風味を増したお茶を楽しみたい時に、ぜひお役立てください。

著者プロフィール

大隈優子（おおくま・ゆうこ）

大阪府堺市出身　東京在住
日本文化講師・一般社団法人絡合会副代表理事
（公財）日本書道教育学会書道師範　雅号 香瑩（こうえい）
裏千家専任講師　茶名　宗優（そうゆう）
食の和輪環・和輪環の田んぼ主宰
内海式根本療法認定セラピスト
麹の学校認定講師
株式会社オフィスキイワード所属フリーアナウンサー
戒名　慈光優月（佛心宗福厳寺住職大愚元勝和尚授戒）
日本文化海外振興事業、国際交流イベントなどに携わり日本文化の海外普及活動を行う。団体、企業などへの書道研修、茶道研修。
味噌作りなど、季節の手仕事イベント主催。
生活と人生の質を上げ、自分をエンパワメントするために、現代の暮らしの中に日本文化を取り入れることを提唱。

公式ホームページ　　LINE 公式アカウント

表紙・章扉 筆文字／大隈優子
装丁・本文デザイン／佐藤アキラ
本文イラスト／Kuran.
DTP／白石知美、安田浩也（システムタンク）
校正／あきやま貴子
編集／小関珠緒、蝦名育美

世界に誇るくらしの中の日本

初版１刷発行 ● 2025年3月22日

著者

大隈《おおくま》 優子《ゆうこ》

発行者

小川 泰史

発行所

株式会社Clover出版

〒101-0051　東京都千代田区神田神保町2丁目3－1　岩波書店アネックスビル　LEAGUE神保町 301
Tel.03（6910）0605　Fax.03（6910）0606　https://cloverpub.jp

印刷所

三松堂株式会社

ISBN978-4-86734-248-0　C0095